Les miniAtomix

LA ZONE

Dans la série Les miniAtomix

Tome 1, Le Pays de Möle, 2006.
Tome 2, La Zone, 2006.
Tome 3, Les premiers maîtres d'Octet, 2006.

Dē BERGERON

Les miniAtomix

LA ZONE

LANCTÔT
ÉDITEUR

LANCTÔT ÉDITEUR
4703, rue Saint-Denis
Montréal (Québec) H2J 2L5
Téléphone: (514) 680-8905
Télécopieur: (514) 680-8906

Illustrations: Christian Bougie, Annie Cossette et Isabelle Lamoureux
Infographie et maquette de la couverture: Roxane Vaillant
Révision: Annie Talbot
Correction: Caroline Turgeon

Distribution: Prologue
1650, boul. Lionel-Bertrand
Boisbriand, Québec
J7H 1N7
Téléphone: (450) 434-0306 / 1-800 363-3864
Télécopieur: (450) 434-2627 / 1-800 361-8088
Distribution en Europe: Librairie du Québec
30, rue Gay-Lussac
75005 Paris, France
Télécopieur: 01 43 54 39 15
Adresse électronique: liquebec@noos.fr

Lanctôt éditeur bénéficie du soutien financier de la SODEC, du Programme de crédits d'impôt du gouvernement du Québec et est inscrit au Programme de subvention globale du Conseil des Arts du Canada. Nous reconnaissons l'aide financière du gouvernement du Canada par l'entremise du Programme d'aide au développement de l'industrie de l'édition (PADIÉ) pour nos activités d'édition.

Dépôt légal — 2006
Bibliothèque et Archives nationales du Québec
Bibliothèque nationale du Canada
ISBN 10: 2-89485-354-8
ISBN 13: 978-2-89485-354-2

à KF-A-LP-A-M-A-A-M-G-N-C-B,
allez, bon bzuzz à la douzaine !

Résumé du premier tome
Le Pays de Möle

Tom Bohr, un jeune garçon de dix ans plutôt petit pour son âge, s'est lancé dans une aventure extraordinaire avec Éli, Olivier et quelques nouveaux amis. Grâce à l'Œil de cristal, une sorte de loupe magique, les enfants voyagent dans le Mini-monde où, de manière inexpliquée, ils deviennent des miniAtomix. Ils ont traversé le Pays de Möle à la recherche de Pico, un électron dérobé par les méta-Atomix, et doivent maintenant poursuivre leurs recherches dans la sinistre Zone…

Chapitre 1

Le cadmiver

Ce matin, madame Rachel, l'institutrice, a organisé en classe une visite virtuelle du musée du Louvre à Paris. Les toiles des grands maîtres apparaissent, grandeur nature, sur les quatre murs de la classe. Les œuvres défilent lentement devant eux comme si les élèves avançaient réellement dans les salles du musée.

Difficile de croire que des œuvres d'art si anciennes existent encore. Lili avec son tempérament d'artiste admire les toiles des grands peintres: Léonard de Vinci, Michel-Ange, Delacroix... Ils arrivent avec excitation dans la salle qui contient le tableau le plus célèbre du monde: le portrait de Mona Lisa, mieux connu sous le nom de *La Joconde*. D'un commun accord, les enfants demandent alors à madame Rachel d'actionner le programme spécial.

– Oui, oui, oui! S'il vous plaît, Madame!

Les enfants insistent et supplient leur enseignante. Évidemment, madame Rachel finit par céder. Elle ne peut jamais résister longtemps à l'enthousiasme des petits.

Elle pianote un moment sur son clavier d'ordinateur pour actionner le programme réclamé : la reconstitution d'un des vols du célèbre portrait comme si on y était. Elle a choisi le vol ayant eu lieu en 1911.

Sous les yeux des élèves, la salle du musée se transforme... Un homme, Vincenzo Peruggia, travaille sur un échafaudage à repeindre les moulures des portes de la salle contenant le précieux tableau. C'est maintenant la nuit, l'artisan cesse son travail et entreprend de libérer la mystérieuse Mona Lisa de son cadre. Dès qu'il franchit les portes du musée, l'alarme retentit et les salles sont envahies par une nuée de gardiens énervés : trop tard, l'oiseau s'est envolé.

Comme l'explique la voix du commentateur, le voleur a conservé la toile durant un an sous son lit à Paris. *La Joconde* a ensuite été retrouvée à Florence, en Italie, et par la suite restituée au musée du Louvre.

*

Pendant la récréation du matin, les enfants jouent un match de ballon-ice. Nadine, la capitaine de l'équipe des AlCa, fait une passe à

Tom. Depuis qu'elle fréquente le Mini-monde, son attitude vis-à-vis de Tom a bien changé. Mais celui-ci, trop surpris, échappe le ballon au milieu des rires moqueurs de Tek et de ses acolytes qui suivent la partie. Même s'il est grand et se tient avec les plus vieux, Tek a le même âge que Tom. Et, comble de malheur, il lui fait endurer mille tracasseries et railleries depuis qu'il est arrivé à l'école des Zorbitals. Pour le match, Nadine a revêtu un chandail des mêmes couleurs que celles de Tom : les couleurs de leur équipe. Sur le devant, elle a fait broder un énorme symbole Na et dans son dos, le chiffre 11. Après le match facilement gagné contre les HéLa, il leur reste suffisamment de temps pour faire un saut dans le Mini-monde.

– Rendez-vous derrière le mur du gymnase, chuchote Tom à Olivier et Éli.

Le mot circule rapidement dans le cercle restreint des neuf initiés. Claude, Nazora, Olivier et Sabine sont fidèles au rendez-vous, mais les jumeaux restent introuvables.

– Tant pis ! On part sans eux. Tout le monde est prêt ? dit Tom en sortant de sa poche l'Œil de cristal.

Bien sûr qu'ils sont prêts ! Pour rien au monde ils ne rateraient le pouf ! du départ. À mesure que Tom approche son œil de la lentille, le paysage grossit, grossit et soudain, pouf! il rejoint le Mini-monde…

MMMMMMMMMMMMMMMMMMMM

Ils sont actuellement dans le village des Frontaliers du sud et, aujourd'hui, c'est le grand jour: le départ pour la Zone! Dès son réveil, Tom devenu Hydro annonce que Sodium et Antimoine ne pourront pas faire partie du voyage et devront rester derrière à les attendre au village. Comme l'a expliqué Francium, il n'y a que cinq survêtements de voyage disponibles.

– Des survêtements? Pour voyager? questionne Chlore l'éléphant qui se demande avec inquiétude comment ils parviendront à traverser les marais acides.

Offusquée qu'on l'abandonne ainsi derrière, Sod la petite guenon disparaît mystérieusement sans demander son reste. Au moment du départ, elle n'a toujours pas réapparu.

En plus des survêtements qu'il leur faut porter, les miniAtomix doivent aussi se déguiser en métaAtomix s'ils veulent passer inaperçus dans la Zone. Hydro se sent tout drôle dans son accoutrement de robot et rigole en regardant Chlore dans son déguisement de mammouth. De son côté, Azote tente de persuader les serpents de sa chevelure de rester cachés sous un énorme casque de métal. Héli la petite fée s'est transformée en abeille pour le voyage et Oxy a l'air d'un diplodocus… un peu rachitique.

La petite troupe suit ses amis Frontaliers en direction des marais acides. En chemin, Francium donne les dernières instructions.

– Quand vous circulerez dans la Zone, gardez toujours à portée de main votre faux spectre électromagnétique.

En écoutant, Hydro regarde la petite carte que lui a remise Strontium. Il s'agit d'une bande grise sur laquelle se détachent des petites raies de couleur. Chaque plaque possède une combinaison différente de couleurs et sert de carte d'identité dans la Zone.

– C'est votre passeport pour la liberté. Les patrouilles effectuent des contrôles fréquents. Avec ces plaques, vous passerez pour des métaAtomix. On vous a aussi remis des papiers en règle de port d'électrons. Évitez tout de même les patrouilles !

Ils approchent des marais acides. À la surface du liquide, Hydro voit des bouillons qui laissent échapper des vapeurs verdâtres.

– Pourquoi ne pas simplement prendre une barque pour traverser les marais ? s'informe Oxy.

Pour toute réponse, Strontium ramasse une roche et la lance en direction du marais. Au contact de l'acide, la roche grésille et fond à vue d'œil en s'enfonçant dans le liquide sombre. Glurp ! Hydro se demande si leurs survêtements seront efficaces… D'ailleurs, comment arriveront-ils à avancer dans ces accoutrements bizarres qui ressemblent à de gros ballons ? Vont-ils flotter à la surface ? Caler au fond ?

– Bon, il est temps de vous apprêter… heu, de vous préparer, je veux dire. Entrez dans vos combinaisons.

Mouch panique : les survêtements sont faits avec la pelure de pommes mal-malor. Encore ces fruits de malheur qui l'ont rendu si malade ! Il n'a pas oublié son expérience avec la pulpe du fruit et court se cacher au fond d'un des sous-sols de sa pochette. Au passage, il jette un coup d'œil à son visage dans un petit miroir. Il lui semble que, depuis cette histoire de bouton qui explose, son nez n'est plus tout à fait comme avant. On dirait qu'il pointe vers la droite, qu'il est un peu crochu.

– Fermez soigneusement l'ouverture, car nous allons vous enduire de compote de pommes. Le cadmiver en raffole ! Mais n'ayez aucune crainte, l'enveloppe est complètement imperméable. Nous avons fait des essais.

– C'est quoi cette histoire de ver ? chuchote Chlore à Héli en entrant avec difficulté dans la plus grosse enveloppe.

– Je n'en ai aucune idée.

Comme pour répondre à ses interrogations, Strontium le homard poursuit son explication :

– Vous voyagerez à l'intérieur du cadmiver. Ce métaAtomix géant est très friand de pommes mal-malor : il vient jusqu'ici pour manger les restes que nous lui donnons. Il est comme qui dirait… heu, partiellement apprivoisé. Pour digérer le fruit, il a cependant besoin de l'acidité élevée des marais situés près de la Zone. Le ver géant traverse donc sans cesse les marais entre la Zone et le Pays de Möle en creusant des chemins à travers la terre et l'acide.

– Mais alors, nous allons être… man… mangés ! comprend soudain l'éléphant, horrifié.

– Bah ! Ne t'inquiète pas, vous serez protégés par vos combinaisons. Vous avez une autonomie de cinq heures. Passé ce délai cependant, je ne garantis plus rien ! Les sucs gastriques du ver achèveront la digestion de votre survêtement et alors… Bon, assez bavardé, passons à l'étape du maquillage. Vous devez avoir l'air de belles grosses pommes appétissantes.

Hydro s'enferme dans l'enveloppe. Les pommes sont attachées les unes aux autres pour forcer le ver à toutes les manger. Ainsi, ils resteraient groupés. Strontium leur a aussi donné deux petits cônes creux en bois reliés à la corde : des amplificateurs de vibrations. En parlant dans le cône, les petites vibrations des paroles sont transmises par la corde jusque dans la pomme suivante. Ils pourront ainsi communiquer d'une pomme à l'autre à l'intérieur du cadmiver.

– Hé ! Chlore, m'entends-tu ? demande Hydro en parlant dans le vibraphone.

– Oui ! Ouf ! Heureusement qu'on peut se parler ! Il fait noir dans ces enveloppes, tu ne trouves pas ?

L'éléphant, tout à l'étroit, ne sait pas trop comment placer sa trompe. Vers le bas ? Elle l'empêche de respirer. Vers le haut ? Elle tire trop !

– Chlore, cesse de gigoter, tu fais tomber la compote, le réprimande Fluor de l'extérieur.

– Voilà, tout est prêt, annonce Strontium. C'est l'heure, nous devons partir à présent. Le cadmiver ne viendra pas si nous restons dans les parages. Bonne chance, les amis.

Après le départ des Frontaliers, Hydro se sent soudain très seul. Ils leur ont expliqué de ne pas bouger ni de parler. Une pomme qui bouge, ça ne fait pas sérieux ! Il n'a pas longtemps à attendre, car il entend des bruits à l'extérieur. Il retient son souffle. Le cadmiver arrive. Mais quelle folie de se cacher à l'intérieur d'une fausse pomme en attendant d'être avalé tout rond par un ver géant ! Ce n'était pas exactement le genre d'aventures auxquelles il avait pensé en quittant le Grand Lac.

Or, il ne se passe rien. En vérité, les bruits qu'Hydro a entendus ne sont pas causés par le cadmiver, mais plutôt par l'arrivée surprise d'une sixième pomme. Un fruit d'apparence ratatinée et peu appétissante à l'intérieur duquel se cache nulle autre que… Sod.

Hé non ! La petite guenon ne s'était pas du tout résignée à être laissée derrière. Elle avait espionné les préparatifs de départ et, en fouinant, avait découvert une sixième combinaison abandonnée parmi des déchets. Voilà qui était parfait. Entêtée, elle avait traîné seule le survêtement jusqu'au marais, attendu le départ des Frontaliers et ajouté sa pomme aux autres fruits destinés au cadmiver.

Sauf que Sod est loin d'être préparée pour un voyage dans la Zone…

Pendant l'heure qui suit, ils attendent patiemment l'arrivée du ver. Pour passer le temps, Azote s'adonne mentalement à ses exercices de kayak. Chlore essaie de décoincer sa trompe engourdie en la remuant très lentement. Héli se demande si elle a le droit de faire courir tous ces risques à ses amis.

– Hydro, dors-tu ? chuchote-t-elle dans son vibraphone.

– Bien sûr que non !

– On devrait retourner au village, tu ne crois pas ? Cette expédition est trop dangereuse !

– ...et Pico ?

– Je commence à penser que le ver ne viendra jamais... Et qui dit qu'il aura faim ?

– Strontium a dit que c'était un gros gourmand.

Au moment où Hydro prononce ces paroles, le sol commence à se soulever, en ondulant comme sous l'action d'un petit tremblement de terre. Un gros ver à segments métalliques, mâchonnant une bouchée de terre, vient d'apparaître à deux pas des fausses pommes mal-malor. « Oh ! Un chapelet de pommes. Que ça sent bon ! », se dit le cadmiver.

Il se dirige droit vers Chlore qui reste silencieux et immobile, la trompe de travers. « Hum, la belle grosse pomme juteuse ! » L'immense ver

l'engloutit en une bouchée. Mais il est surpris par la cordelette solidement tressée qui entraîne les autres pommes. Avec des gros yeux ronds de gourmandise, le ver avale les pommes une à une jusqu'à la cinquième, dans laquelle se trouve Azote.

Sod, qui n'est pas rattachée aux autres, est inquiète ; elle n'entend plus rien. « J'espère qu'il ne va pas m'oublier ici, ce gros bêta ! » Et, comme le ver rassasié s'apprête à replonger dans la terre, la guenon pousse des petits cris pour attirer son attention :

– Hé ho ! Cadmi-truc, je suis là !

« Tiens ! Une pomme chantante. Je n'ai plus tellement faim, mais je suis bien curieux de savoir ce qu'elle goûte, songe-t-il en l'avalant. Pouah ! Elle est sèche et trop sucrée. »

« C'est parti ! », pense Hydro en passant dans l'estomac du ver. Azote fait l'appel pour voir s'il ne manque personne. « Cinq. Parfait, nous sommes tous là. »

– On dirait qu'il ne bouge plus, s'impatiente Oxy après un moment.

– Il doit faire la sieste. Il a trop mangé.

– Mais, ma parole, on n'y arrivera jamais ! rouspète le centaure.

Azote s'inquiète surtout du temps qui passe… les acides du tube digestif du ver sont déjà à l'œuvre et commencent à dissoudre les pelures qui les protègent.

Chlore, ballotté dans tous les sens, a maintenant la tête en bas. Il tente de se redresser par des contorsions compliquées qui n'ont pour seul résultat que de lui coincer la trompe contre l'épaule. Il s'agrippe au cône amplificateur et demande avec désespoir :

– Hydro ? Question pour Azote de la part de Chlore : Comment allons-nous sortir d'ici ?

Les bruits de digestion du cadmiver rendent la transmission un peu confuse. Hydro transmet toutefois l'étrange message à Héli :

– Question pour Azote : Chlore commence, allons, à sortir d'ici.

Héli n'y comprend rien du tout. Quelle histoire ! Qu'arrive-t-il à Chlore ?

– Question pour Azote : La trompe de Chlore s'allonge-t-elle vers ici ? transmet-elle tout de même le plus fidèlement possible.

Le message parvient complètement déformé à Azote et la réponse qui voyage dans la direction inverse en subissant des modifications à chaque passage plonge Chlore dans le désarroi le plus total : « La pomme doit éclore dans le *cestrobe* du tube ! »

L'éléphant tremble de peur. « Un *cestrobe ?* Qu'est-ce qu'un *cestrobe ?* » Comment saura-t-il quand il doit ouvrir son survêtement ? Et s'il l'ouvrait trop tôt alors qu'il est encore dans l'estomac du cadmiver !

Jusqu'à présent, tout se passe bien pour Sod, mais… la petite guenon vient de découvrir une surface gluante dans le bas de sa combinaison de protection. La paume de sa main au contact de la substance a subi des petites brûlures : les sucs gastriques commencent à s'infiltrer à travers la paroi. Voilà pourquoi le survêtement avait été jeté aux ordures : il avait été jugé trop mince pour le voyage. Aïe ! La guenon comprend avec effarement que, d'ici peu de temps, elle va se retrouver sans protection dans le tube digestif du ver. Elle doit agir rapidement, mais que peut-elle faire ?

MMMMMMMMMMMMMMMMMMMM

Au retour du Mini-monde, Nadine, troublée par le sort qui attend Sod, son *alter ego*, fait une demande surprenante à Tom : elle voudrait qu'il lui prête l'Œil de cristal à nouveau.

– Rien qu'un moment, je... heu... pour vérifier quelque chose.

– Vérifier quoi ?

Mais la vibration de la cloche annonçant la fin de la récréation met fin à leur conversation.

– Est-ce que ça va ? lui demande-t-il en entrant dans l'école.

– Oui, oui, tout va bien... Mais, bon... On en reparle, il faut que je me sauve.

Dès qu'il entre en classe, Tom oublie vite l'agitation de sa nouvelle amie, car madame Rachel leur a préparé un petit examen surprise. Il doit identifier, sans y goûter, de l'eau salée et de l'eau sucrée. Mais comment faire la différence entre deux liquides transparents d'apparence identique ?

Tom écrit discrètement à Éli sur son CP, ou « *chat* portatif ». Même s'il ne se réjouit pas qu'Éli soit devenue muette à la suite de son accident de ballon-ice, il trouve bien pratique de pouvoir communiquer avec elle par CP quand il le veut. En classe, les conversations par courrier électronique sont formellement interdites, mais ils ont une permission spéciale.

« Éli, as-tu une idée ? »

Il regarde avec étonnement la réponse apparaître sur le petit écran.

« Les fourmis ! »

Les fourmis ?

Le soir, sur le chemin du retour, Magalie et Charly se joignent à Tom, et les trois enfants circulent à pleine vitesse sur la piste.

– Pourquoi n'êtes-vous pas venus nous rejoindre à la récréation ce matin ? demande Tom, intrigué.

– Heu, on aurait bien voulu, mais nous avons eu…

– …quelques petits problèmes avec la Crapaud.

Tom connaît les jumeaux et sait qu'ils sont souvent convoqués au bureau de la directrice. Magalie et Charly n'ont pas toujours un comportement d'ange…

– Quel genre de problèmes ?

– Oh, trois fois rien, une petite manipulation de l'ordinateur d'intendance…

– …pour qu'il nous distribue une double ration de dessert.

Arrivée devant les clôtures qui encerclent maintenant les ruines du parc-bulle, Magalie freine brusquement, aussitôt imitée par Charly.

– Hé, regarde, il y a une petite brèche dans la clôture.

– Ouais, si on allait explorer ?

Sans attendre, les jumeaux se faufilent. Tom, qui est revenu sur ses pas, les regarde passer le périmètre de sécurité. Que font-ils ? Les jumeaux sont-ils tombés sur la tête ? Partout, bien en vue sur la clôture, des avertissements en rouge indiquent « Passage interdit », « Danger, à vos risques ».

– Tu viens, Tom ?

– Heu… non, non. Je dois rentrer. Ma mère m'attend. À demain.

Mais Tom, curieux, ne part pas ; il se cache et observe les jumeaux. Charly avance devant Magalie sans faire de bruit. On dirait deux félins. Le silence règne sur le chantier.

– Là-bas, fait remarquer Magalie. Une lueur !

Eh oui, une petite lumière pâle vacille au milieu des décombres du parc-bulle. Elle provient d'une crevasse dans le sol. Les jumeaux s'approchent doucement et jettent un coup d'œil : l'intérieur, très faiblement éclairé, ressemble à une immense salle souterraine, très ancienne…

– Oh ! Dis donc… On descend ?

– Hum, ça nous prendrait une échelle de corde et des lampes de poche.

– Tu as raison, on reviendra demain.

Le soir avant de s'endormir, Tom, dévoré par la curiosité, se décide à demander des explications à Éli.

« Qu'est-ce que tu voulais dire par *les fourmis* ? », écrit-il sur son CP.

« C'est bien connu, les fourmis adorent le sucre. Si tu veux faire la différence entre de l'eau salée et de l'eau sucrée, tu laisses les fourmis choisir : elles vont hésiter un moment, le temps de faire leur petite analyse chimique, après quoi elles vont toutes se diriger vers l'eau sucrée. »

Chapitre 2

La Bong !

Quatre heures du matin. Les circuits électroniques d'Amadeus ruminent en silence, rongés par le remords et l'inquiétude. Il a enfreint le code électronique. Incité par ce vieil entêté de Gustave – l'ordinateur domestique des Bohr – ils ont commis le sacrilège infâme de succomber à l'espionnage électronique… Et Amadeus a découvert avec effarement, en parcourant les nombreux courriels du CP de berzélium.éli, que depuis l'accident stupide qui l'a laissée muette, *sa* petite Éli adorée est malheureuse. Mais pourquoi ? Il ne comprend pas…

« Pourquoi est-ce si important pour elle d'émettre avec sa gorge des vibrations capables de voyager dans l'air et d'aller faire vibrer une petite membrane située dans l'oreille des autres humains, se demande l'ordinateur, alors qu'elle peut communiquer par écrit dans le monde entier en une fraction de seconde. »

L'ordinateur domestique n'a jamais songé un seul instant que cela puisse avoir une telle importance pour elle. « Ah ! il est si difficile de comprendre les petits humains ! »

Il doit bien exister une solution… Amadeus démarre un programme qui explore en parallèle des millions de pages d'exposés scientifiques de toutes sortes. Après quelques minutes de recherche, il se retrouve avec des milliers de références portant sur la régénération des cordes vocales, ces choses qu'Éli n'arrive plus à faire vibrer correctement dans sa gorge.

Il fait le tri, compare, étudie les risques… Il se décide pour un procédé de chirurgie révolutionnaire : des cordes vocales neuves entièrement fabriquées en laboratoire à partir de cellules musculaires et de cartilage de requin. Sans attendre, il envoie l'information, déguisée sous forme de publicité, directement dans les CP d'Éli et de Tom.

*

– Tu as vu, Éli, le nouveau truc de requin du Dr Planco ? lui demande Tom dès qu'il arrive à l'école ce matin-là. Tu pourrais l'essayer.

Tom sort son CP pour lire la réponse d'Éli.

« Bah ! Je ne voudrais pas parler comme un poisson », écrit-elle.

– Qu'est-ce que tu as à perdre ? Tu parles déjà comme un poisson.

Éli fusille le petit garçon du regard. Comment ose-t-il ? Mais, après tout, il a raison… elle n'a rien à perdre et se décide à transmettre le courriel à ses parents.

En classe, madame Rachel leur a préparé un programme très intéressant : l'observation de cellules au microscope électronique. L'institutrice explique que leur corps est constitué de millions de cellules microscopiques.

– Des quoi ?

– Mon père m'a dit que c'était comme des petites bulles…

– Comme des bulles de savon ?

– S'il vous plaît, les enfants ! intervient madame Rachel. Ne parlez pas tous en même temps. Un à la fois. As-tu une question, Lili ?

– Vous voulez dire que ma peau, mes yeux, mes muscles sont formés de millions de petites cellules collées ensemble ? demande celle-ci, émerveillée, en regardant sa main de très près.

– Exactement. Presque tous vos tissus, sauf certaines parties comme les cheveux, les ongles…

– Mais, on ne voit pas de bosses !

– Les cellules sont si petites que, pour les voir, il faut les grossir à l'aide d'un microscope. C'est ce que vous allez faire ce matin : observer vos propres cellules.

Chaque élève doit effectuer, à l'aide d'un tampon d'ouate, un prélèvement en frottant tout simplement l'intérieur de sa joue. Les échantillons qui contiennent les cellules des joues sont ensuite enfermés dans une résine qui, une fois solidifiée, est coupée en tranches très, très, très minces.

En fin de matinée, chacun prend plaisir à observer les images de ses cellules.

– Sur les images, vous voyez des tranches de cellules. C'est comme si vous regardiez des rondelles de pomme finement coupées. Autour, on voit l'épaisseur de la pelure, ensuite la chair de la pomme et, au centre, des bouts de cœur de pomme.

Pour les cellules, madame Rachel explique qu'on parle d'une membrane qui enveloppe un cytoplasme.

– Le centre de la cellule s'appelle le noyau, comme pour les fruits.

Finalement, les cellules des élèves de la classe sont toutes semblables : membrane, cytoplasme, noyau.

– Et les cellules de chien ?

– La même chose.

– Et celles des poissons ?

– Pareil.

Tek reste à l'écart, plongé dans l'observation de ses propres cellules, et refuse obstinément de les montrer. Quelque chose cloche. Le garçon remarque que ses cellules sont composées d'une membrane, d'un cytoplasme et d'un noyau comme celles des autres, mais elles contiennent aussi des centaines de petites formes géométriques inexpliquées qu'il n'a vues dans aucune autre cellule… Il n'est pas normal. Pour finir, il détruit les échantillons avant que madame Rachel n'arrive à son unité. La cloche du dîner vibre et le tire de ses sombres pensées.

– Vite, on y va. Dépêche-toi, Claude. Tu traînes encore.

Nadine semble impatiente à l'extrême de repartir dans le Mini-monde. Elle bouscule tous ses amis, s'empare de l'Œil de cristal et *pouffe* la première sans même attendre que tout le monde soit réuni.

– Quelle mouche l'a piquée, celle-là ? grogne Nazora.

MMMMMMMMMMMMMMMMMM

L'enveloppe qui protège la petite guenon-farceuse-et-pas-toujours-drôle ne tient plus maintenant qu'à un fil. Sod ressent déjà sur la paume de ses mains et de ses pieds des petites brûlures causées par les sucs gastriques acides du cadmiver. Bientôt, elle n'aura plus aucune protection. Qu'adviendra-t-il d'elle alors ?

– Au secours ! Faites quelque chose, quelqu'un, crie-t-elle dans l'espoir d'obtenir de l'aide de ses amis. Je ne veux pas être digérée par ce gros monstre.

Mais sa voix se perd complètement dans le vacarme intestinal du ver.

– Aïe ! Aïe ! Aïe ! J'aurais dû rester au village.

Bang ! Un bruit sourd retentit soudain, faisant cesser les lamentations de Sod et tirant Chlore de sa torpeur. La tête dure du lombric vient de foncer sur la paroi métallique de la Zone. C'est le moment qu'attendait Azote pour administrer le liquide que lui a remis Strontium. Par une petite valve située à la surface de sa pomme, la méduse injecte un puissant vomitif dans l'estomac du ver.

Presque aussitôt, l'animal est secoué par des spasmes. « Je me sens malaaaade. J'ai mal au cœur. C'est certainement cette satanée pomme. Jamais plus je ne mangerai de pomme chantante», se dit-il. Le gros ver rampe à grand-peine hors des marais acides et rejette, sans plus de façon, le contenu de son tube digestif sur la surface lisse de la Zone. Juste à temps, d'ailleurs, pour éviter le pire à la petite guenon qui s'extirpe en vitesse de son revêtement à moitié digéré et qui court se cacher derrière un gros cube métallique.

– Nous y voilà ! transmet Azote à Oxy par le vibraphone.

Avec mille précautions pour éviter de toucher au liquide gastrique, les miniAtomix retirent leurs combinaisons et réajustent leurs déguisements de métaAtomix.

– Il était temps. J'ai la trompe en compote. On dirait qu'elle a raccourci, se plaint Chlore, tout de même soulagé de recouvrer enfin sa liberté.

Les miniAtomix sont réunis sur un plateau dur et métallique bordé d'un côté par les marais acides et de l'autre par un précipice vertigineux. À leurs pieds s'étend la Zone : il n'y a ni arbre ni végétation…

– Oh, quel paysage étrange ! s'étonne Hydro.

– Hum, comment allons-nous descendre cette paroi lisse ?

La méduse, déjà à l'œuvre, cherche une solution pratique.

– Attention ! Nous ne sommes pas seuls, souffle Oxy en montrant discrètement du menton une coccinelle qui s'approche d'eux.

Hydro ne sait pas comment réagir à cette première rencontre dans la Zone. Il regarde Oxy et hausse les sourcils comme pour lui demander ce qu'il faut faire.

– Salut, dit Azote, s'avançant vers l'inconnue, les deux mains tendues, paumes vers le ciel en signe amical.

Au lieu de répondre, la coccinelle pouffe de rire.

– Mais… ce rire, on dirait… Sod ?

– Ha ! Ha ! Je vous ai bien eus. Vous ne m'avez pas reconnue.

Sod est au comble du bonheur : elle a échappé de justesse au tube digestif du cadmiver, elle est dans la Zone, et même ses meilleurs amis ne l'ont pas reconnue sous son déguisement de coccinelle. Tout va donc pour le mieux.

– Qu'est-ce que tu fais ici ?

– La même chose que vous. Je viens délivrer Pico.

Azote, furieuse, les serpents en bataille sous son déguisement, l'apostrophe sans ménagement :

– Fais voir ta plaque d'identité.

– Tu veux dire… heu… mon spectre d'émission ?

– Oui, justement.

– C'est… que… j'ai… je n'en ai pas, bafouille Sod.

– COMMENT ! Qu'allons-nous faire de cette guenon irresponsable ?

Personne ne répond. Chlore, qui observe la paroi métallique depuis un moment, s'écrie à cet instant :

– Là ! Regardez, on dirait qu'il y a des entailles.

L'éléphant leur montre un large sillon qui serpente le long de la paroi en effectuant plusieurs virages en S. Vive comme l'éclair, la petite guenon a compris la première.

– Je sais comment descendre ! s'exclame-t-elle, désireuse de se faire pardonner, mais aussi de détourner l'attention.

Sans donner d'explications, elle s'assoit sur le bord de la falaise, juste au-dessus du sillon, et… se laisse tomber dans le vide.

– SOD ! NON ! crie Hydro, inquiet de la voir disparaître et certain qu'elle va s'écraser dans le ravin.

Mais la chute de la petite guenon se termine directement dans l'entaille. Elle dévale ensuite à toute allure la paroi métallique, dans le creux du sillon. « Youpiiiiiiiiiiiiii ! »

– Génial ! une glissoire géante. À mon tour.

Oxy, qui raffole des sensations fortes, s'élance à son tour dans le vide sans hésiter.

Hydro s'installe ensuite et regarde en bas en avalant sa salive. La paroi abrupte plonge dans le vide et le début de la glissoire, beaucoup plus bas, dépasse à peine de la surface. Et s'il ratait le sillon en sautant trop loin… Courageusement, il ferme les yeux et se laisse tomber. Après une chute libre de quelques secondes, il atterrit en douceur dans le creux de la glissoire et commence la descente. En écartant bras et jambes, Hydro réalise qu'il peut ralentir sa course à volonté. Il est en parfait contrôle et la sensation est enivrante. Jambes croisées et bras plaqués contre son corps, il décide d'accélérer au maximum.

– À toi, maintenant, Chlore. Vas-y, saute.

– J'ai le vertige et… je suis bien trop gros, se lamente l'éléphant. Tout va s'écrouler.

– Il n'y a pas de danger. La structure a été conçue pour des métaAtomix. À côté d'eux, tu ne fais pas le poids, le rassure Héli.

Tout en bas, Hydro, Sod et Oxy ont l'air de petits morceaux de roche. En fermant les yeux très fort, l'éléphant se lance finalement dans le vide à son tour.

– C'est une invention géniale cette glissoire, tu ne trouves pas ? On devrait en installer des pareilles dans les Badlands pour descendre les grosses collines, propose Oxy qui n'a pas oublié son interminable périple dans cette région austère.

Héli, qui les a rejoints, sort la boussole à spin soigneusement cachée à l'intérieur de son ventre rebondi d'abeille.

– Nino semble plus agité. On approche, constate-t-elle avec une petite note d'espoir dans la voix. C'est par là.

La petite fée pointe vers l'est. Ils marchent sous un soleil de plomb durant quelques heures avant de croiser une route spéciale, recouverte d'un revêtement caoutchouteux de couleur rouge vif.

– Drôle de route, constate Hydro en touchant la surface avec sa main.

– Il faut suivre cette direction, déclare Héli en consultant la boussole à spin. Oh ! Attention !

Un gros ptérodactyle marqué du symbole Re, suivi de près par deux robots brillants, avance sur la route en bondissant et passe devant eux sans s'arrêter.

– Je vois, commente Azote, la route est élastique et on peut avancer beaucoup plus vite en bondissant.

– La Zone n'est pas si terrible après tout, s'enthousiasme Oxy en sautant avec plaisir sur la route en caoutchouc, empêtré malgré tout par son déguisement de diplodocus.

– Il faut éviter de se faire remarquer, suggère Azote.

– Justement, le meilleur moyen pour passer incognito, c'est de faire comme tout le monde : en circulant sur la route, réplique Héli.

– Héli a raison. Et puis nous arriverons plus vite.

Hydro met délicatement un pied sur la surface rouge écarlate et commence à avancer doucement. À chaque pas, il sent un petit rebond qui l'amuse et le pousse à aller plus vite. Peu à peu, il accélère et atterrit avec plus de force sur la surface. Il commence à rebondir en riant, puis de plus en plus haut, comme s'il marchait en apesanteur. « Oxy a bien raison, pense-t-il. La Zone n'est pas du tout cet endroit sinistre que nous a décrit Ura. »

Ils avancent tous en bondissant joyeusement.

– Attention devant ! crie soudain Azote en les ramenant brusquement à la réalité. On dirait un contrôle.

Effectivement, Hydro remarque un attroupement composé d'insectes et d'un animal préhistorique. À l'avant, la petite guenon se fige : elle n'a aucune plaque d'identité ni de permis de port d'électrons. Elle regarde à gauche, puis à droite : aucune cachette possible. Comment va-t-elle faire pour échapper au contrôle ?

– Attends, j'ai une idée, lui souffle Hydro. Mais il faut faire vite.

Quand ils arrivent au contrôle, ils ne sont plus que cinq. Sod a disparu.

– Sortez vos plaques sur-le-champ, demande un impressionnant stégosaure affichant sur son ventre dodu un énorme W qui ressemble à deux crocs sur le point de mordre.

Tungstène, le stégosaure, vérifie l'identité des passants, scrutant une à une les raies de couleur. En tremblant, Héli tend son spectre d'émission.

– Hum… Tout semble en règle. Bien, bien. Rien à signaler ? Nous recherchons un fauteur de troubles : Tantale. Avec ses manières rudes, ce brontosaure délinquant cause à lui seul une recrudescence de prunes et de bosses sur la Bong !

– La quo ?… oumf ! commence à demander Oxy avant de recevoir un coup de coude d'Azote dans les côtes.

« Mais qu'est-ce qui lui prend de poser des questions stupides ? Il veut nous faire repérer, se désespère la méduse. Je me suis lancée dans cette histoire avec de vrais amateurs. »

– Non, nous n'avons rencontré personne.

– Alors, dégagez. Suivant !

Dès qu'ils sont hors de vue du stégosaure contrôleur, Hydro chuchote en direction de l'estomac d'Oxy.

– Ça va. Tu peux sortir.

– Mujoue schuis mbeoien ichi, obtient-il comme réponse.

– Allez Sod ! Tu n'as plus rien à craindre.

À regret, la petite guenon sort du ventre du faux diplodocus en rajustant son déguisement de coccinelle.

– Je pourrais rester cachée. Avec un surplus de ventre, Oxy a presque l'air d'un vrai métaAtomix. Regarde-le, il flotte dans son déguisement ridicule.

– Qu'est-ce qu'il a, mon déguisement ? demande Oxy, un peu vexé.

Ils reprennent leur route en effectuant des bonds sur la Bong ! – un nom bien choisi pour cette curieuse route caoutchouteuse – et avancent sans effort en croquant très peu de capsules d'énergie.

Vers la fin de l'après-midi, ils arrivent en vue d'une cité immense et débordante d'activité.

– Voici certainement la fameuse Métapolis, annonce Azote à l'intention de ses amis. Le cœur de la Zone.

À perte de vue, des constructions bizarres faites de cubes, de pyramides, de cônes, aux surfaces métalliques polies, sont réunies entre elles par des tubes de plastique de toutes les grosseurs. Métapolis est un fouillis indescriptible qui s'étend sur plusieurs niveaux. Ici, il n'y a pas que le nord, le sud, l'est et l'ouest dont il faut tenir compte, mais aussi du haut et du bas qui s'étalent dans toutes les directions et dont on ne voit pas la fin. Par endroit, les sommets des édifices se perdent dans le ciel, comme des aiguilles géantes perçant les nuages. Ailleurs, on ne sait pas jusqu'où plongent les couloirs verticaux qui donnent le vertige.

Dans la boussole à spin, Nino est résolument tourné vers Métapolis.

– Voici notre objectif. Il vaut mieux que Sod se cache dès maintenant, car il y aura sans doute plusieurs contrôles pour entrer dans la cité.

– Comment allons-nous retrouver Pico dans un tel dédale ? soupire Chlore l'éléphant.

– Commençons d'abord par entrer.

La Bong ! passe sur un pont-levis et se prolonge jusqu'à une arche sous laquelle s'engouffrent les métaAtomix qui entrent et sortent de la ville. En s'approchant, Hydro constate que le passage est placé sous très haute surveillance. Il est trop tard pour faire demi-tour et impossible d'éviter le contrôle. De toute façon, ils n'ont pas le choix. Partout ailleurs, la ville est entourée d'une ceinture de mercure liquide totalement infranchissable.

Sous son masque de robot, le miniAtomix sent des grosses gouttes de sueur perler sur son front. « Pourvu que tout se passe bien », songe-t-il en se présentant le premier.

– À quelle fonction êtes-vous assignés ? lui demande le responsable militaire chargé de la surveillance de l'arche.

L'énorme stégosaure ressemble trait pour trait au contrôleur de la Bong !

– Heu... Nous sommes assignés... aux électrons, bafouille Hydro en espérant que cette fonction existe.

– Hum... Sortez vos plaques et permis de port d'électrons.

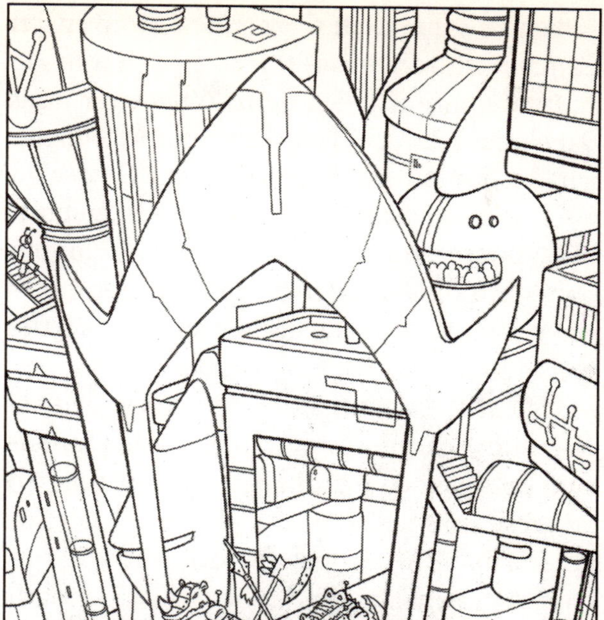

Pendant que le chef examine attentivement les papiers, trois métaAtomix font le tour du petit groupe et détaillent un à un les cinq amis qui n'en mènent pas bien large sous leur déguisement. Sod, à l'abri dans le ventre d'Oxy, se dit qu'il serait amusant de chatouiller le centaure. Mais, pour une fois, la petite guenon-espiègle-et-pas-toujours-drôle se retient.

– En voilà un, chef, déclare soudain un des métaAtomix en désignant Chlore.

L'éléphant se met à trembler. Il est démasqué. Ça y est, il va finir figé à tout jamais dans une atroce mésalliance ou, pire, on va lui arracher ses électrons.

– Parfait. Toi. Approche. Les autres, vous pouvez passer.

Après un moment d'hésitation, Azote se résigne à poursuivre sa route en abandonnant Chlore derrière. « On ne peut rien faire pour lui », se raisonne la méduse. À contrecœur, Oxy, Héli et Hydro lui emboîtent le pas et franchissent l'arche de Métapolis.

Ils n'ont pas l'occasion de s'attarder sur le sort de leur compagnon, car aussitôt entrés dans la ville les miniAtomix sont happés par la foule pressée qui circule le long des grandes artères. Des véhicules sur coussin d'air, roues, pattes ou chenillettes se mêlent aux piétons et parcourent les rues en tous sens en rejetant derrière eux des nuages de gaz de couleur brunâtre.

– Hu ! Hu ! Hu ! On ne peut pas respirer ici.

– Attention, Héli ! Derrière toi !

La petite fée se jette sur le côté et, à la dernière seconde, évite un véhicule lourd qui vient de surgir à pleine vitesse d'une rue transversale.

– Ils sont fous ici. Pourquoi courent-ils comme ça ?

En longeant les murs des édifices à la queue leu leu, les miniAtomix s'habituent tranquillement au rythme effréné de Métapolis. Ils n'ont jamais rien vu de semblable ; les mouvements dans la foule semblent imprévisibles. Les métaAtomix circulent dans leur ville comme des fourmis dans une fourmilière.

Dans sa pochette, Mouch observe la cité à l'aide de son périscope. L'électron sent des vibrations hostiles provenant de toutes parts. Que viennent-ils faire dans cet endroit inhospitalier ? Il frappe des petits coups sur le sac.

– Calme-toi, Mouch. Je ne peux pas te laisser sortir ici. C'est trop risqué.

Un peu plus tard, ils débouchent sur une sorte de terrasse plus tranquille qui domine plusieurs étages de la ville. Ils en profitent pour reprendre leur souffle et faire le point.

– Que va-t-il arriver à Chlore ? s'inquiète Hydro.

– Aucune idée, et cela ne me dit rien qui vaille, soupire Héli.

Sod sort de sa cachette – le ventre d'Oxy redevient tout flasque – et en profite pour dégourdir ses jambes ankylosées.

– Nous devons trouver l'endroit où ils gardent les électrons prisonniers, souligne Azote, fidèle à son rôle de chef de groupe. Héli, fais voir la boussole à spin.

En vérifiant qu'aucun métaAtomix ne l'observe, Héli sort la boussole et admire, émerveillée, les soubresauts enthousiastes de Nino à l'intérieur de l'objet.

– Bonjour, mon petit.

– Nous ne sommes plus très loin à présent, constate la méduse d'un ton satisfait. Mais, hum… on dirait… Nino… ses mouvements sont désordonnés, les édifices brouillent la réception du signal. C'est mauvais, ça. Nous aurons de la difficulté à localiser Pico avec précision.

La petite guenon, tout en réfléchissant aux paroles d'Azote, s'éloigne en bondissant jusqu'à l'autre bout de la terrasse. Elle a besoin de bouger, de grimper. Et comme elle s'apprête à revenir sur ses pas, elle fonce directement dans le ventre musclé de… Or, le tyrannosaure chapardeur d'électrons.

– Au sec… bredouille-t-elle tout bas.

– Hé, là ! Où cours-tu comme ça, minuscule petit puceron sauteur ? Attends un peu, tu m'as l'air bien pressé.

– …

La petite guenon se tait, muette de terreur.

*

Pendant ce temps, Chlore a été emmené sous bonne garde à l'autre bout de la ville. L'éléphant se demande à présent s'il doit libérer ses électrons pour leur permettre d'échapper au sort terrible qui les attend. Mais il ne peut s'y résoudre : « Comment arriveraient-ils à se débrouiller sans moi et que serais-je sans eux ? »

– Hé, toi ! Tu dois d'abord passer par le vérificateur. Par ici…

L'éléphant sort de sa rêverie. « Comment ? Quel vérificateur ? » Machinalement, il entre dans une pièce circulaire et se dirige vers un comptoir derrière lequel se dresse un scarabée dodu coincé dans un costume militaire trop ajusté. Le sigle Rh est tracé sur ses épaulettes. Chlore le reconnaît sans peine. L'insecte a participé à l'embuscade des Badlands.

– Vide ta pochette ! lui ordonne le scarabée en bourdonnant.

« Ha, non ! Pas ça ! », pense Chlore en sentant ses jambes ramollir.

– Vite ! On n'a pas toute la journée devant nous, grogne Rhodium.

À contrecœur, l'éléphant ouvre sa pochette et fait sortir ses petits chéris. Ils se mettent à gazouiller en volant autour de lui, complètement inconscients du danger qui les menace.

– C'est quoi, ce cirque ? hurle le scarabée rouge de colère. Des électrons sans tenues de combat. On aura tout vu. Ils m'envoient vraiment n'importe quoi maintenant.

Puis, il ajoute, tout en admirant les sept électrons en orbite sur la dernière couche électronique :

– Au moins, tu ne manques pas d'électronégativité. Une rareté… Avec un peu d'entraînement, on fera quelque chose de toi. Passe chez le magasinier, au fond, là-bas.

Éberlué, l'éléphant comprend qu'il n'est pas en prison, mais plutôt enrôlé dans l'armée des métaAtomix. Bon, il s'agit de ne pas se faire remarquer. Chlore doit jouer le jeu et tenter de se sauver à la première occasion. Il se dirige vers le magasin de la caserne.

– Combien d'électrons ? demande une grosse fourmi qui s'agite devant les dizaines d'alvéoles remplies de matériel militaire pour électrons.

– Dix-sept.

– Seulement ?… Et d'électrons de valence ?

– Sept, bien sûr !

La fourmi lève la tête, étonnée.

– Sept ? Sur une même couche atomique ? Inhabituel pour un méta… mais très bon pour les alliances. Voilà, j'ai des casques en pointe et des protège-coudes pour les affrontements musclés. Vous pouvez aussi utiliser des survêtements aérodynamiques à haute vitesse pour les électrons experts. C'est au choix.

– Heu… le plus simple, s'il vous plaît.

– Comme vous voulez, acquiesce Yttrium la fourmi, en s'agitant devant les alvéoles pour réunir le matériel demandé. Quand vous serez équipé, retournez vous présenter au sergent Rhodium.

Chlore habille délicatement ses électrons avec les petits casques un peu trop grands et l'équipement militaire que lui a donnés Yttrium.

– On dirait des métaélectrons, s'esclaffe-t-il en riant.

Un de ses électrons, vexé par ses remarques, tente d'arracher le petit casque de combat.

– Non ! Non ! Je blague, vous êtes mignons comme tout.

Le gros scarabée l'apostrophe de loin :

– Hé ! vous, là-bas. Quand vous aurez fini de rigoler, présentez-vous à l'entraînement.

✳

Hydro scrute la terrasse du regard. Il n'a pas vu la petite guenon depuis un moment.

– Oxy, sais-tu où est passée Sod ? demande-t-il discrètement à l'oreille de son ami.

Il ne veut pas alerter Azote qui reproche déjà à la guenon son comportement irresponsable.

– Je l'ai vue partir par là, juste derrière cet édifice au bout de la terrasse, répond le centaure à voix basse.

– Allons la chercher. On ne sait jamais avec elle… on dirait qu'elle attire les problèmes.

Ils ont beau regarder partout, ils doivent se rendre à l'évidence : Sod a mystérieusement disparu. Azote, mise au courant, marche de long en large en fulminant. Sous le casque de robot, ses serpents, impressionnés par cette colère subite, tentent de se cacher les uns derrière les autres.

La situation n'est pas très reluisante : Chlore est prisonnier on ne sait où, Pico demeure introuvable, la boussole à spin ne fonctionne plus, et voilà maintenant que Sod disparaît au cœur de cette ville gigantesque… « C'est un désastre sur toute la ligne », songe Hydro juste avant d'être ramené dans le Macro-monde.

MMMMMMMMMMMMMMMMMMMMMM

Un ballon lancé par les tout-petits de l'école tombe en plein milieu du groupe ramenant Tom et ses amis dans le Macro-monde.

– Que des ennuis en vue avec cette Sod ! commente Nazora dès son retour. Nous n'en sortirons jamais avec elle…

Puis, en s'adressant directement à Nadine, elle ajoute :

– Ça ne va pas du tout… Il faudrait que tu t'occupes de cette peste une fois pour toutes. Tu pourrais essayer de lui faire entendre raison…

Facile à dire… Juste comme Nadine ouvre la bouche pour riposter, la vibration annonçant la fin de la récréation se fait sentir sous leurs pieds. Bah, après tout, elle ne lui doit rien, à Nazora, avec ses airs supérieurs.

*

Ce soir-là, aussitôt les classes terminées, les jumeaux se précipitent au parc-bulle. Ils cachent soigneusement leur plaque antigravité. Ensuite, Charly attache une échelle de corde à l'armature de métal d'une grue et se glisse dans l'ouverture qu'ils ont repérée la veille. Après une descente de plusieurs mètres, il touche le sol et tire sur la corde, deux petits coups toc! toc!, pour rassurer Magalie. La fillette le rejoint. Ils se retrouvent dans une salle humide et sinistre à souhait.

– On dirait une ancienne station de métro, fait observer Magalie en désignant des vieux rails rouillés par terre.

– Tu as raison, acquiesce le garçon en se tournant vers sa sœur.

Dans le mouvement, le faisceau lumineux de la lampe de Charly éclaire alors une araignée grosse comme une main et qui se promène, brrr!, juste au-dessus de la tête de la petite fille.

– Oh, Magalie, fais gaffe! Ne bouge surtout pas.

La petite fille s'immobilise. Le danger est palpable, mais l'araignée suspendue à un fil énorme remonte soudain et se perd dans la noirceur du plafond.

– Viens, ne traînons pas ici.

Silencieusement, en se tenant par la main, les jumeaux avancent. Le sol est jonché de débris. Ils suivent les vieux rails qui traversent maintenant un long tunnel au bout duquel ils aperçoivent une lumière intense. De quoi peut-il bien s'agir ? Alors qu'ils arrivent à l'extrémité du tunnel, Charly est projeté vers l'arrière et tombe violemment sur le sol. Sa lampe de poche lui échappe des mains. Il ne peut plus bouger, car un poids lui comprime la poitrine. Il sent comme un souffle sur sa joue : un animal…

– Magalie, articule-t-il difficilement. Au secours !

La petite fille oriente la lampe en direction de la voix de son frère et laisse échapper un cri : un rat gros comme un chien se tient immobile sur la poitrine du petit garçon, le museau à deux doigts de son visage…

– J'ai… j'ai ce qu'il faut, ne t'en fais pas, Charly. Je vais te tirer de là.

Magalie sort une barre de chocolat de son sac. Elle la déballe et la tend au rat pour l'attirer loin de son frère. Le rat renifle, mais ne bouge pas. La fillette coupe alors le chocolat en morceaux et l'odeur se répand avec plus d'insistance. Puis, elle lance les morceaux au loin, dans la zone noire. La bête bondit et file comme une flèche en direction de ce nouveau festin, moins gros, mais tellement plus appétissant. Ouf !

Magalie s'approche de son frère et l'aide à se relever. Charly tremble de tous ses membres…

– Filons d'ici avant qu'il ne revienne, propose-t-il trop heureux d'échapper aux puissantes mâchoires du rongeur.

– Quel endroit lugubre ! Ces animaux géants, on dirait des métaAtomix, déclare Magalie dès qu'ils se retrouvent en sécurité, à l'extérieur des ruines.

– Je me demande ce qu'il y a là-dessous…

– Alors, on revient demain ?… Avec un produit pour repousser les rats, ajoute Magalie en lui faisant un petit clin d'œil.

Chapitre 3
Métapolis

Vendredi, durant la récréation du matin, Éli communique avec Tom à l'aide de son CP. Ses parents n'ont pas mis de temps à réagir. Dès qu'ils ont découvert la technologie de greffe de cordes vocales du Dr Planco, ils ont entrepris les démarches. Tout a déboulé très vite.

« L'opération doit avoir lieu lundi prochain… », écrit-elle à Tom.

– Hein, déjà ?

« Et je pars demain pour Madrid avec ma mère. »

– Pour où ?

« Madrid, en Espagne. C'est là où se trouve la clinique… Je ne veux plus partir. »

– Voyons, Éli. Pourquoi ?

« Je n'ai jamais traversé l'océan… »

– Et alors ?

« Alors, il faut prendre l'avion. »

– Je ne vois pas le problème.

« Et si l'avion tombait ? »

– Voyons donc ! Tu as plus de chances de gagner la vraie étoile d'Orient que de t'écraser en avion.

« D'accord, mais... je vais manquer la semaine d'examens... »

– Il y en aura d'autres.

« Si je ne fais pas les examens, je risque de me retrouver dans une classe avec des petits l'année prochaine. »

– Éli, tu exagères. Tu sais bien que madame Rachel va trouver une solution.

« Tom... J'AI PEUR ! », finit-elle par écrire.

– Hein, de quoi ? demande le garçon, éberlué.

« Et si l'opération se déroulait de travers ?... »

– Que veux-tu qu'il arrive ? Ça ne peut pas être pire que maintenant.

« Il a bien raison », songe la petite fille, mais son estomac reste noué par la crainte.

– N'y pense plus. Viens, on va rejoindre les autres.

Tom tend à Éli la chaussette de bébé qui contient le précieux trésor et ils courent ensemble rejoindre Magalie et Charly à l'autre bout de la cour d'école. Les jumeaux, penchés l'un sur l'autre, ressemblent à deux conspirateurs. Pour le moment, ils semblent plus intéressés par le parc-bulle que par le Minimonde...

Les cheveux en bataille, Nazora discute avec Nadine et Olivier. Tous portent fièrement des chandails personnalisés aux couleurs de leur équipe de ballon-ice. Une véritable épidémie a gagné l'école...

– Que va-t-elle faire, seule, dans Métapolis, hein ? Tu dois bien reconnaître, Nadine, que Sod manque totalement de jugement, argumente Nazora.

– Pas tant que ça, je trouve...

– Admets au moins qu'elle aurait pu finir digérée dans l'estomac du cadmiver, n'est-ce pas ?

– Bah, pas plus que les autres...

Pour mettre fin à la conversation, Nadine se retourne vers Tom et lui demande :

– Alors, on part ?

Dès que Claude et Sabine arrivent, Nadine s'empare une fois de plus de la lentille avec impatience et *pouffe* dans le Mini-monde sans attendre plus longtemps... Elle n'est pas la seule, Claude la suit de très près... Tiens, on dirait qu'il y a urgence...

MMMMMMMMMMMMMMMMMMMM

Dans la salle d'entraînement, le vacarme est assourdissant et le sergent Rhodium doit hurler pour se faire entendre. Chlore, minuscule à côté des nouvelles recrues, se cache derrière les autres dans l'espoir de passer inaperçu. Mais, peine perdue, le gros scarabée remarque immédiatement son manège :

– Hé, toi, le petit. Viens par ici. Voyons voir ce que tu as dans le ventre.

Lui, petit ? Étonnant tout de même ! Chlore n'a pas l'habitude… Sans ménagement, il est poussé dans une pièce où se trouve le mannequin grandeur nature d'un miniAtomix.

– Voilà ! Tu as trois secondes pour débusquer les électrons de ce miniAtomix. Passé ce délai, c'est toi qui deviens la victime. Au *top*, c'est parti… Top !

Comment ? Trois secondes ! L'éléphant, au bord de la panique, est incapable de réfléchir. Que doit-il faire ?

– Hé, sers-toi de tes électrons, entend-il crier derrière lui.

Machinalement, il ouvre le clapet de sa pochette. En un instant, ses sept électrons de valence en tenue de combat ont rejoint la couche électronique la plus éloignée.

– Il ne reste qu'une seconde, hurle le scarabée.

Chlore s'approche du mannequin et ordonne d'une voix hésitante :

– Allez-y ! … heu… foncez !

Ses électrons se regardent en rigolant. Ils ne comprennent rien au nouveau comportement de leur maître, mais décident tout de même de s'approcher de l'étrange miniAtomix immobile. Ils gazouillent gentiment pour attirer son attention.

– Trois secondes ! Terminé ! Au *top*, à toi de jouer… Top !

Tout en glapissant ses ordres, le sergent Rhodium a poussé dans la pièce une deuxième recrue. Chrome, un redoutable robot, roule vers Chlore de façon menaçante et dégaine sans perdre une seconde ses vingt-quatre électrons.

Les nuages d'électrons des deux combattants s'entrechoquent en crépitant, bourdonnent intensément. Lorsqu'ils se séparent, après l'affrontement, Chrome regarde piteusement ses chenillettes et Chlore, tout joyeux, affiche un grand sourire. Le sergent remarque avec étonnement qu'un des électrons de Chrome est allé tout bonnement rejoindre un des électrons de Chlore.

– Hum… commente-t-il avec un minimum de mots. Puissante électronégativité. Pas doué pour l'attaque, mais excellente défensive. Exercice suivant, par ici.

Pendant que Chlore cherche désespérément un moyen de se soustraire au sergent Rhodium, Hydro tente de calmer la fureur d'Azote.

– Je le savais que cette peste ne nous apporterait que des ennuis, rugit la méduse. Où a-t-elle encore été se mettre le nez, celle-là ? Dès que je la retrouve, je l'attache…

– Venez voir, s'écrie Héli en ramassant un objet par terre. J'ai trouvé un petit bout de tissu noir. On dirait qu'il provient du déguisement de Sod.

– Et alors ? demande Oxy.

– Il s'agit peut-être d'un indice. Il faut en chercher d'autres, suggère Héli.

– Ah non ! Hors de question ! Qu'elle se débrouille, fulmine Azote, les serpents en bataille sous son casque de robot.

– Je suis d'accord avec Héli, seconde Hydro. Il faut retrouver Sod…

Sans attendre la réaction de l'irritable méduse, ils commencent à fouiller tous les coins de la terrasse dans l'espoir de trouver un nouvel indice. Oxy met la main sur un bout de tissu rouge.

– Pas de doute, Sod laisse des indices derrière elle, trépigne le centaure avec enthousiasme.

Le tissu est accroché près de l'entrée d'un tunnel de plastique qui descend vers un des niveaux inférieurs de la ville.

– Il n'y a plus qu'à suivre la piste, conclut-il en s'engouffrant avec joie par l'ouverture.

Un autre morceau du déguisement de coccinelle les attend à l'autre bout du tunnel: ils sont sur la bonne piste. L'artère qu'ils longent est très achalandée et, à mesure qu'ils avancent, de puissants robots-aspirateurs nettoient le trottoir derrière eux en engloutissant tout dans leur estomac.

– J'imagine que ces gloutons ont déjà aspiré les indices, soupire Oxy.

Héli examine scrupuleusement chaque parcelle du trottoir, mais en vain… Le centaure a raison: rien, pas le moindre petit bout de fil ne traîne sur le trottoir.

– Je crois que nous avons perdu sa trace, constate finalement Oxy.

Les passants nombreux et pressés les bousculent sans ménagement. Hydro, déçu, se sent étourdi. Azote repère un établissement couvert de néons de toutes les couleurs, le Bzuzz. Des robots, des animaux en tous genres et des insectes vrombissants entrent et sortent sans arrêt de l'établissement. La méduse ordonne avec autorité:

– Entrons là. Nous avons besoin d'étudier la situation et, dans cette foule, nous passerons inaperçus.

Effectivement, personne ne fait attention à eux. En passant la porte étroite cependant, Hydro est bousculé par deux poids lourds pressés et ne se rend pas compte que sa pochette s'est ainsi ouverte par mégarde.

À l'intérieur du Bzuzz, la seule source de lumière provient des tables rondes autour desquelles prennent place les clients.

– Ah ! j'ai les jambes en compote, soupire Hydro en s'asseyant à une des tables.

L'atmosphère du lieu, qui contraste avec l'agitation régnant à l'extérieur, leur permet de se détendre un peu.

– Qu'est-ce qu'ils font ici ? demande en chuchotant Héli à Azote

– Capsules d'énergie, je crois. Regarde, le menu propose toute une palette de longueurs d'onde.

Une androïde aux jambes de sauterelle et portant un bustier métallique aux reflets bleutés s'approche de leur table.

– Cobalt, pour vous servir. Que désirez-vous ?

Elle domine les miniAtomix par sa stature impressionnante et les charme avec son sourire éclatant.

– Pou... pourrais-je avoir des... heu... capsules ? bredouille le centaure, intimidé.

22

– Tout ce que tu veux, mon beau. De quelle couleur ?

Oxy rougit sans réaliser que Cobalt ne voit de lui qu'un diplodocus plutôt défraîchi.

– Des… rose bonbon…

Lorsqu'elle revient avec un plateau rempli d'appétissantes capsules, Azote lui demande :

– Nous cherchons du travail. Qu'est-ce qu'il y a à Métapolis ?

– Ce n'est pas le travail qui manque par ici. L'usine d'*é* cherche toujours de la main-d'œuvre. Mais, bon, on peut trouver mieux…

– L'usine D ?

– D'électrons, si vous préférez. On voit bien que vous n'êtes pas d'ici.

– Nous sommes… Heu… nous venons d'arriver. Et cette usine d'*é*, où se trouve-t-elle ?

– Dans la périphérie Nord, niveau 4F.

– Ah, bon ! bien…

La méduse ne sait pas du tout où se trouve la périphérie Nord, encore moins le niveau 4F, mais elle ne veut pas éveiller les soupçons en affichant son ignorance et préfère ne plus poser de questions. La serveuse ajoute, avant de partir :

– Bon bzuzz.

– Comment ?

– Bon bzuzz. C'est ce qu'on dit par ici, pour les capsules.

– D'accord… pareillement alors.

Aussitôt qu'elle s'éloigne, un client assis à une table voisine s'adresse à Hydro :

– La d'*é*, c'est pas mal. Mais, crois-moi, petit, les électrons, c'est dépassé. Entre nous, l'avenir est dans la fission, fiston. Ils construisent justement leur Accélérotron dans les plaines de l'Aunor…

Sans rien y comprendre, Hydro hoche la tête en croquant dans une délicieuse capsule mauve qui goûte le bleuet et la pistache. Miam ! Hydro ignore que Mouch est discrètement sorti de la pochette ouverte et explore le plancher à la recherche de petites miettes de capsules… Oh ! L'électron vient justement de repérer un trésor sur le sol, près de la patte de table : un énorme morceau de capsule fluorescente. Et comme il se jette dessus avec gourmandise, Mouch se sent brusquement tiré vers l'arrière. Plus moyen d'avancer… Le voilà paralysé.

– Tiens donc ! Regardez ce que je viens de trouver là, rugit un insecte énorme et puant en exhibant le pauvre Mouch, les ailes pincés comme celles d'un papillon pris au piège.

– Mouch ! hurle Hydro qui attire par son cri désespéré les regards de tous les clients.

Devant la menace, le miniAtomix s'empresse d'ajouter, pour détourner l'attention, des « At… chmouch » bruyants, comme s'il éternuait.

– Tiens donc, il a un petit « H » tatoué sur la poitrine, commente le gros insecte en examinant Mouch. Certainement un électron de miniAtomix, un évadé.

– Hé ! Laisse-le tranquille, intervient Cobalt en se portant à la défense de Mouch. Il ne t'a rien fait.

– Et comment que je vais le laisser tranquille. Je vais le ramener à sa place, ouais, tu peux me croire. Il m'a l'air encore bon pour l'usine d'*é*.

Azote, avec beaucoup d'à-propos, profite de l'occasion pour aborder l'insecte antipathique.

– Nous allons justement à la périphérie Nord, niveau 4F. On peut se charger d'apporter cet électron à l'usine, si ça vous arrange, propose-t-elle.

– Une corvée de moins ! Mais avant, je vais le neutraliser. Ces petites bestioles s'envolent si rapidement.

« Oh non ! se dit Hydro qui voit les mandibules de l'insecte se refermer sur les ailes fragiles de l'électron. Il va les arracher. »

Tout en parlant, le métaAtomix sort de son sac un rouleau et entoure les petites ailes de Mouch de plusieurs épaisseurs de ruban adhésif.

– Comme ça, il ne risque plus de s'échapper, ajoute le métaAtomix en tendant Mouch saucissonné à Azote.

Soulagé par le dénouement, Hydro retient son fou rire en se disant que la solution n'est pas si mauvaise après tout…

– Ne traînons pas. Bon bzuzz à tous, clame Azote bien fort en se levant et en se dirigeant précipitamment vers la sortie.

Une fois dehors, elle tend Mouch à Hydro.

– Tiens. Si j'étais toi, je ne serais pas pressé de le libérer. Un peu plus, et nous étions découverts… Quelle équipe ! Allons, nous n'avons plus de temps à perdre, il faut retrouver la piste de la guenon, sauver Chlore, localiser Pico et déguerpir de la Zone au plus vite.

*

Pendant ce temps, Chlore, épuisé, assis sur un cube de métal poli, se demande comment il arrivera à sortir indemne de cette situation impossible. Ses petits électrons, la langue pendue hors de leur bouche, sont alignés immobiles sur sa fausse trompe de mammouth. Des épreuves de plus en plus difficiles se sont succédé tout au long de la journée.

D'abord, pour les électrons, vols de vitesse avec obstacles et affrontements avec des électrons gladiateurs. Ensuite, Chlore doit marcher sous un soleil de plomb, faire des sauts en hauteur – malgré son vertige –, conduire des véhicules bizarres et, pour finir, faire des courses avec surplus de charge…

– DeeEEee… bout !

La pause n'a duré que quelques minutes. À ce rythme, ils seront bientôt à court d'énergie. Mais, maintenant habituées à obéir aux ordres de Rhodium, en un instant les recrues sont debout au garde-à-vous et leurs électrons disposés symétriquement de chaque côté des orbites.

– Besoin de volontaires pour un raid éclair au Pays de Möle, explique le scarabée.

Il passe les recrues en revue et désigne ceux qui ont le mieux réussi les épreuves de la journée.

– Celui-là ? Manque de nerf ! commente le sergent quand il arrive à la hauteur de Chlore. Traîne-savates ! Aucune autorité sur ses électrons… Juste bon pour Métapolis.

Oh ! Chlore se réjouit de ne pas être choisi, il va enfin pouvoir se reposer un peu.

– Assignation : patrouille de nuit. Exécution immédiate. Rompez !

« Quoi ! se dit Chlore. Il ne peut pas faire ça. » L'éléphant doit partir sur-le-champ sans rien se mettre sous la dent. Trois autres recrues et Chlore sont transportés en véhicule jusqu'à la ville. La nuit tombe brusquement, mais les rues restent éclairées grâce aux trottoirs lumineux. Chlore se dit qu'il tentera de fausser compagnie à la patrouille dès qu'il en aura l'occasion. Mais que fera-il ensuite, seul dans cette ville immense? Comment arrivera-t-il à retourner un jour jusqu'à la rivière Apprivoisée?

Au même moment, un peu plus haut dans la ville…

– Hé! pas mal tout de même le progrès, souligne Oxy, impressionné par les trottoirs éclairés.

– Le mieux à faire pour le moment serait de chercher un abri pour la nuit, propose Azote. Nous irons demain à l'usine d'*é*. Nous y trouverons peut-être des renseignements sur Pico, cette Cobalt a parlé d'électrons…

En pensant à Pico, Héli sort une fois de plus la boussole à spin et regarde à l'intérieur. En remarquant le manège de la petite fée, Hydro se frappe le front: « Zut! Avec tout ça, j'ai oublié de libérer Mouch », songe-t-il.

– Oh ! Nino est à nouveau stable, s'écrie Héli.

Groupés autour d'elle, ils admirent l'électron qui s'agite en regardant fixement dans une direction, comme hypnotisé.

– Parfait, nous poursuivons notre route alors. Nous sommes près du but et, avec l'énergie des capsules du Bzuzz, nous pouvons facilement tenir jusqu'à l'aube…

En se dirigeant à l'aide de la boussole, ils marchent le long des grands axes de la ville, utilisant tantôt les tubes permettant l'accès rapide aux niveaux inférieurs, tantôt les souffleries mécaniques pour monter aux étages supérieurs.

Azote, toujours sur le qui-vive, marche en tête du peloton avec Héli. La tête d'un de ses serpents dépasse par une petite fissure de son déguisement. Au détour d'une rue, la méduse tombe en arrêt. Le groupe derrière elle s'immobilise.

– On dirait un barrage. Vite, changement de cap, ordonne-t-elle en agitant les bras avec impatience tandis que le petit serpent rentre se cacher.

Ils s'engouffrent pêle-mêle dans une rue perpendiculaire. Un détail a cependant attiré l'attention d'Oxy… une tache rouge, une couleur familière… Le centaure revient sur ses pas pour jeter un dernier coup d'œil. Il n'a pas la berlue.

– Hé ! attendez... Au milieu, là ! On dirait que... Oui, c'est Sod !

Effectivement, la minuscule guenon, dans son déguisement de coccinelle, se tient vaillamment debout au milieu d'une patrouille de métaAtomix géants. Aïe ! Aïe ! Sans plaque ni papiers, son compte est bon.

– Il faut absolument faire diversion, s'emporte Hydro avec fougue.

– Il n'en est pas question, tranche Azote. Nous n'allons pas risquer la sécurité du groupe pour cette étourdie. Cachons-nous et attendons de voir où ils l'emmènent.

La méduse a évidemment raison, et tous obéissent à regret. Ils n'ont aucune chance contre ces costauds bien entraînés. Hydro remarque qu'un des patrouilleurs tient la petite guenon par le collet et la pousse sans ménagement dans une des rues transversales.

– Il est seul. Nous sommes quatre. On peut l'attaquer maintenant et libérer Sod, propose-t-il.

Sans acquiescer à cette suggestion, Azote est néanmoins d'accord pour suivre de loin le métaAtomix et sa prisonnière.

Étonnamment, le patrouilleur suit un parcours étrange : il choisit des rues de plus en plus petites, mal éclairées, il hésite, semble tourner en rond… Où va-t-il? Bizarre… Il s'engage alors dans une rue sinistre et, après un moment, fait demi-tour abruptement, car la rue est bloquée par une haute construction noire et sans fenêtre… un édifice qui donne des frissons dans le dos.

– Attention, ils reviennent. Cachez-vous, murmure Azote en se précipitant derrière un cube de plastique. À mon signal, nous attaquons.

« Enfin, de l'action », songe Oxy.

Sod, toujours fermement maintenue par le métaAtomix, marche avec résignation en se demandant comment elle arrivera à s'en sortir cette fois-ci. Soudain, des ombres surgissent de nulle part et se jettent sur eux. « Tout est fini », songe la guenon.

Dans la mêlée qui suit, à travers les coups et les cris étouffés, surgit alors une voix familière :

– Aïe ! Ma trompe.

Tout le monde se fige. Cette voix… Chlore ? Notre Chlore ? Par quel hasard incroyable ! En pleurant, en riant, les miniAtomix se reconnaissent, s'embrassent, tombent dans les bras l'un de l'autre, se touchent sans y croire : ils sont à nouveau réunis tous les six.

– C'est bien toi, Chlore ?

– Comment es-tu arrivé jusqu'ici ?

– Où as-tu trouvé ces vêtements de patrouilleur ?

Les questions pleuvent.

– Stop ! Une question à la fois.

L'autorité de la méduse est encore mise à contribution. Chlore raconte à ses amis ses mésaventures et sa rencontre avec le sergent Rhodium, son enrôlement dans l'armée des métaAtomix, l'entraînement et ses piètres performances, puis son assignation à une patrouille de nuit dans Métapolis.

Quelle n'avait pas été sa surprise de tomber sur Sod ! Lorsqu'il avait été évident que l'insouciante coccinelle circulait sans plaque d'identité, il s'était tout simplement porté volontaire pour la reconduire directement au poste central. Ce qu'il n'avait pas l'intention de faire, bien entendu. Mais il ne savait pas où aller…

– Et toi ? demande Azote, d'un ton très sec en se tournant vers la guenon. Où étais-tu passée ? J'espère que tu as une bonne explication parce que…

– J'ai suivi Or.

– Comment Or ? Le tyrannosaure ?

– Lui-même en personne… Il m'a presque renversée sur la terrasse. Je me suis dit qu'il était le seul à pouvoir nous mener jusqu'à Pico. Après tout, c'est un voleur d'électrons.

« Oups, Mouch. » Avec toutes ces histoires, Hydro n'a toujours pas eu le temps de le libérer. Pendant que Sod termine son histoire, le miniAtomix sort l'électron de sa pochette et entreprend la délicate opération. Les ailes restent prises dans la colle et, aïe ! Hydro doit retirer, ouch ! minutieusement le ruban adhésif, millimètre par millimètre. Mouch est furieux. Il déteste la Zone et ses inventions diaboliques.

– La boussole à spin ne fonctionnait plus, continue de raconter Sod. Quelles étaient nos chances de retrouver Pico ? Zéro. Je n'avais pas le temps de vous prévenir. Je n'ai fait ni une ni deux… j'ai décidé de suivre le tyrannosaure en laissant des indices derrière moi. Je ne pouvais pas rater cette occasion. Sans cette satanée patrouille, je n'aurais jamais perdu sa trace.

– Bon, le temps du bavardage est terminé, conclut Azote. Nous sommes à nouveau réunis, parfait ! D'après l'agitation de Nino, il y a tout lieu de croire que nous arrivons près du but. Mettons-nous en route sans plus tarder.

Ils n'ont cependant pas à aller bien loin. Nino, dans la boussole à spin, regarde en direction de la sombre construction noire au bout de la rue…

Héli comprend la première et articule avec peine :

– C'est là… c'est… la d'*é*…

– Céladé? De quoi parle-t-elle? demande discrètement Chlore à Sod.

La petite guenon comprend sans peine que leur chemin doit croiser cet édifice terrifiant qui donne la chair de poule…

Les miniAtomix contournent l'édifice sans fenêtre et finissent par découvrir un attroupement devant l'entrée principale. Les méta-Atomix entrent un à un par une grande porte vitrée sur laquelle apparaît le symbole des électrons: un petit « *é* ».

– Qu'est-ce que vous attendez? demande Azote à un métaAtomix qui ressemble à une chenille verte poilue.

– On vient pour le travail, l'usine d'*é* embauche.

Les miniAtomix se mélangent aux autres travailleurs et entrent juste avant la fermeture des portes. Le groupe est ensuite dirigé sous escorte vers les dortoirs pour la nuit.

– Pourquoi tous ces gardes? demande la méduse à la chenille, sa voisine.

– Des miniAtomix ont pénétré dans la Zone, paraît-il. Mais que viendraient-ils faire ici, je vous le demande? Ils ne seraient pas assez fous pour venir se jeter dans la gueule du loup.

Hydro est surpris. Comment les méta-Atomix savent-ils qu'ils ont franchi la frontière ? Le cadmiver les aurait-il dénoncés ?

À la première occasion, les miniAtomix, qui ferment la marche, faussent compagnie au groupe et se faufilent dans un étroit couloir transversal.

Bien entendu, Héli, occupée à se cacher, ne regarde pas la boussole à spin à cet instant. Elle ne voit donc pas l'agitation intense de Nino. L'électron bouge tellement qu'il se cogne violemment sur les pics qui le maintiennent en place. Sa couleur devient d'une intensité incroyable : aucun doute, Pico est juste là… Mais personne n'y porte attention. Le moment d'après, l'électron devient brusquement calme et terne… Que s'est-il passé ?

Les planchers de l'usine, comme les trottoirs de la ville, sont lumineux. Durant la nuit, l'usine roule au ralenti, mais ne s'arrête pas complètement. Ils doivent donc circuler avec prudence.

– J'ai peur de voir ce qu'ils font aux électrons, soupire Hydro en marchant tête baissée sans voir le gros mille-pattes gluant qui avance droit sur lui dans le couloir.

Personne ne lui répond… Évidemment, car Hydro est maintenant seul. Ses compagnons, plus alertes que lui, se sont cachés précipitamment en voyant apparaître le bout des pattes du mille-pattes rampant…

– Que faites-vous ici en pleine nuit ? glapit le gros insecte répugnant en surprenant Hydro. Vous devriez être aux dortoirs à l'heure qu'il est.

– Je… je viens juste d'être assigné… heu… et…

MMMMMMMMMMMMMMMMMMMMMMMM

Tom, qui se fait bousculer par Tek, revient brusquement dans le Macro-monde.

– Hé, le mini ! Encore perdu dans la lune… ou ailleurs peut-être ?

– Laisse-nous tranquilles, répond Nazora en se portant à la défense de Tom.

– Tu t'es fait des alliés, on dirait.

Puis, en examinant le cercle formé par Éli, Olivier, Nadine, Claude, Charly, Magalie, Nazora et Sabine autour de Tom, Tek conclut méchamment :

– Belle équipe, tous les bizarres de l'école sont réunis ! Peuh…

Dès que Tek s'éloigne, Sabine se retourne impatiemment vers Claude.

– Et alors, la Zone ? Où êtes-vous rendus ? Qu'est-ce qui se passe ?

Sabine doit absolument tout apprendre sur la Zone si elle veut épater Amélie, sa nouvelle amie qui vit en France. Les deux filles s'écrivent plusieurs fois par jour. Dans le Mini-monde, Sabine correspond à Antimoine la pieuvre. Aujourd'hui, elle n'aura pas grand-chose à raconter puisque Antimoine attend bêtement au village des Frontaliers le retour d'Hydro et de ses amis. Elle est donc dévorée par la curiosité et presse Claude de questions.

– Et Pico, vous l'avez retrouvé ?

Mais celui-ci, qui n'aime pas être bousculé, répond évasivement. Puis, en sentant les vibrations qui annoncent le début des classes, il s'éloigne rapidement d'elle. En chemin, Tom explique à Sabine qu'ils n'ont pas encore retrouvé Pico, mais qu'ils viennent de pénétrer dans l'usine d'*é*.

Avant d'entrer dans l'école, Charly s'approche de Tom et lui glisse à l'oreille :

– Tu n'as pas oublié pour ce soir ?

– Quoi donc ?

– L'expédition au parc-bulle. Tu as ta lampe frontale ?

– C'est que… heu…

– Hé ! nous allons bien avec toi dans le Mini-monde…

– …et tu aurais peur de descendre avec nous dans un petit souterrain ? complète Magalie qui les a rejoints.

– Non, non, d'accord, j'y vais, promet Tom sans conviction.

Il cherche déjà un prétexte pour fausser compagnie aux jumeaux. Ces histoires de rat géant ne l'intéressent pas du tout. Les méta-Atomix lui suffisent amplement.

En classe, Sabine ne peut pas résister et, malgré l'interdiction, écrit à Amélie :

« Mag et Cal ont rejoint le village et, tout comme moi, détestent les corvées quotidiennes obligatoires. Quel tyran cette Francium ! Vivement qu'on parte de là !… Hé, tu crois qu'on va finir par se rencontrer quelque part dans le Mini-monde ? Comment vais-je te reconnaître ? »

Après l'école, Éli doit rentrer tôt, car elle part pour l'Espagne dès le lendemain.

– Je t'écrirai chaque jour, lui promet Tom quand il la voit disparaître avec sa petite mine angoissée. Bonne chance !

Olivier, quant à lui, a un rendez-vous chez le dentiste.

– Un mal de dents qui ne veut pas démordre.

Tom presse le pas, mais, malgré ses efforts, il est rattrapé par Charly et Magalie… Les jumeaux ne le lâchent plus d'une semelle, impossible de se défiler. Ils arrivent devant le parc-bulle. Tom ne peut plus reculer.

– Tu as le produit repousse-rats ? demande Charly à sa sœur.

Magalie acquiesce et lui montre la petite bonbonne.

– Tu es certaine que ça va fonctionner ? s'inquiète Tom

– Avec ce produit, aucun danger.

Les enfants vaporisent copieusement leurs vêtements puis Magalie installe l'escalier de corde. Pour montrer qu'elle a pleinement confiance en l'efficacité de son produit, la petite fille descend la première dans l'ancienne station de métro. Avec beaucoup d'appréhension, Tom se risque à la suivre. Les jumeaux lui ont parlé de monstres… il s'attend à être saisi par les pieds et entraîné dans les profondeurs de la terre.

Il parvient cependant au sol sans encombre et allume en tremblant sa lampe frontale. Devant eux, les anciens rails de métro s'enfoncent dans un tunnel qui sent la moisissure. Ils traversent la salle de l'araignée géante – Tom ignore tout de cette bestiole qui se déplace suspendue juste au-dessus de leurs têtes – puis ils débouchent dans la seconde salle : une station désaffectée.

– Attention, c'est ici que le rat a attaqué Charly, annonce Magalie.

Dès que la petite fille prononce ces paroles, les couinements du rongeur se font entendre.

– Il arrive.

Le rat apparaît dans le faisceau de la lampe de Charly… une bête énorme ! L'animal s'immobilise et renifle l'air avec curiosité. Tom ferme les yeux, s'attendant au pire.

– Tu crois que ça va marcher, Magalie ?

– Nous n'allons pas tarder à le savoir.

Avant qu'elle n'ait eu le temps de répondre, le rat fait demi-tour et s'enfuit en couinant.

– Hourra, la voie est libre ! déclare-t-elle, victorieuse.

Un peu plus loin, les enfants découvrent des portes vitrées par lesquelles s'échappe une lumière éblouissante. Rien n'est verrouillé. Ils entrent et découvrent un entrepôt immense éclairé comme un magasin d'alimentation. À perte de vue des contenants de plastique et de métal de toutes les grosseurs sont empilés le long des allées.

– C'est quoi ces trucs ?

– Regarde les signes sur les contenants… On les a déjà vus en classe.

– Ah, tu crois ?

Ils entendent alors des bruits curieux. Comme plusieurs petits cris. Glacé de terreur, Tom se retourne et se rend compte que des centaines de rats font maintenant le guet derrière les portes vitrées…

– Magalie, regarde ! Les rats, le produit, on dirait… qu'il les attire !

– Il est peut-être éventé ou bien il en faut plus pour chasser les rats géants. On ferait bien de partir…

Les enfants reviennent sur leurs pas en traversant bravement la masse de rongeurs affamés. Le produit repousse-rats agit juste suffisamment pour garder les bestioles à bout de bras. Tom se demande s'ils auront le temps de parvenir à l'échelle…

À présent poursuivis par les rats, les enfants courent dans le tunnel. Mais, juste comme il parvient à l'échelle, Tom trébuche, tombe, et sa lampe frontale s'éteint. Il entend les rats arriver en couinant dans le noir. Au moment où les premiers rongeurs touchent ses pieds, Tom sent une main attraper la sienne : Charly ! Il se relève et, sans perdre un instant, il remonte à toute vitesse à la surface. Magalie coupe juste à temps les cordes de l'échelle, car les rats ont commencé à grimper derrière lui.

« Il était moins une », se dit Tom profondément soulagé. Il regarde les jumeaux s'éloigner... Il aurait bien aimé les accompagner, ne pas se retrouver seul à la maison ce soir, mais les jumeaux n'invitent jamais personne chez eux. Des histoires curieuses circulent à leur sujet ; la mère des jumeaux, une excentrique, aurait transformé le salon en champ de tournesols et, depuis, ils habitent au plafond. Les jumeaux gardent jalousement pour eux leur secret de famille...

En entrant chez lui, le petit garçon, encore effrayé, écrit à Éli et lui fait un compte rendu détaillé de l'horrible expédition dans les décombres du parc-bulle. Il lui parle de l'odeur de moisi, du mystérieux entrepôt et de cette horde de rats géants... Ah, ces jumeaux !

« En tout cas... je ne redescendrai jamais plus là-dessous », écrit-il.

« Je me demande ce que tout cela signifie. Et les signes sur les barils, saurais-tu les reproduire ? », demande Éli, curieuse.

« À peu près, oui. »

Mais, en essayant de les dessiner pour les retransmettre à Éli, Tom se rend compte qu'il en est incapable.

« En tout cas, je pourrais les reconnaître. »

« Bon, on en reparle plus tard. Je dois dormir à présent, je prends l'avion à l'aube. Bonne nuit, Tom. »

« Bonne nuit, Éli. : } »

Olivier tient un énorme sac de glace contre sa joue pour calmer la douleur. Ordre du dentiste, il ne pourra manger que de la compote et des purées au cours des prochains jours. Sa mère l'a installé dans une confo-bulle chaude et moelleuse pour qu'il se repose, mais c'est compter sans Moli. Depuis quelques jours, sa sœur ne lui laisse aucun répit…

– Je sais que tu visites le Mini-monde. Tu n'es pas le seul d'ailleurs… Vous êtes même entrés dans la Zone, n'est-ce pas ? Tu peux bien me le dire, à moi, je suis ta sœur après tout.

– Gnlaisse-gmoi tranguil.

– On pourrait s'aider tous les deux. Si tu me dis où tu te trouves dans la Zone, je prendrai ta défense.

– …

– De quoi te méfies-tu ? Technétium ne cherche qu'à rendre la vie plus facile à tout le monde. Tu as vu les trottoirs et les glissoires ? La Bong ! ? Comment trouves-tu la Bong ! ?

– Gnégnial !

– Et les é-mobiles ? Les as-tu vues ? Tu pourrais en avoir une juste pour toi, tu sais.

– Gne chais pa chque ch'est.

– Dis-moi au moins si vous êtes près de la frontière. Ce n'est pas difficile, seulement un oui ou un non avec la tête. Les autres n'en sauront rien, et ensuite je te laisse tranquille.

Chapitre 4

L'usine d'é

Lundi matin, Tom n'a pas le moral. Il avale avec difficulté les céréales survitaminées au goût de caoutchouc qui lui rappellent maintenant la cuisine de dame Actinia, et plus exactement son pâté d'escargots en croûte. Le petit garçon pense à la fin de semaine qu'il vient de passer. Un calvaire ! Deux interminables journées d'ennui et de corvées…

*

Sa mère était de garde à l'hôpital. Ils n'ont donc pas pu se rendre dans les parcs périphériques pour y faire leur pique-nique hebdomadaire. Par ailleurs, Tom aurait bien aimé se dégourdir les jambes, mais le parc-bulle n'existe plus.

Le samedi matin, alors qu'il regardait sur écran géant un documentaire sur l'Antarctique et les grands glaciers qui fondent à vue d'œil, il a remarqué les voyants lumineux… Oh, non ! Pas la révision annuelle !

– Les voyants clignotent au rouge, Monsieur, avait souligné Gustave, comme si Tom pouvait ignorer les centaines de petites lumières qui venaient d'apparaître aux quatre coins de l'appartement.

– Et alors ? avait-il répliqué avec humeur en connaissant très bien la réponse.

– Alors, Monsieur, les unités domestiques et les circuits doivent être révisés de A à Z en suivant la grande procédure. Merci.

Encouragé et très originalement secondé par Gustave – « Mais non, Gustave, je ne t'ai pas demandé un coffre à trésors, mais un coffre à outils » –, Tom avait travaillé toute la journée aux réglages et ajustements des appareils situés dans les placards du corridor d'entrée de l'appartement. À mesure qu'il progressait – « Unité air-eau : vérification terminée ; unité chimie-bio : réglages terminés » –, les voyants lumineux s'éteignaient un à un.

Le soir, Fanny n'avait eu que des éloges pour son fils et, pour le remercier, elle lui avait cuisiné un énorme gâteau au chocolat fondant dont il raffole. Ce n'est qu'au cours de l'après-midi du dimanche qu'il avait enfin trouvé le temps d'écrire à Éli, maintenant arrivée en Espagne.

« L'opération est prévue pour demain », avait-elle annoncé avant de lui souhaiter bonne nuit.

« Comment ça, bonne nuit ? Tu te couches déjà… en plein milieu de l'après-midi ? »

« Ici, c'est déjà le soir et je dois me lever très tôt… »

« Tout va bien aller demain, j'en suis certain. :) »

« Tu me promets de libérer Pico, n'est-ce pas ? Tu promets d'aider Héli, même si je ne suis pas avec elle dans le Mini-monde ? Promis sur la tête de Mouch ? »

« Promis ! »

*

– N'oublie pas de mettre ton masque et ton bracelet ! lui recommande sa mère avant qu'il ne saute sur sa plaque antigravité pour se rendre à l'école.

Tom ne sait plus trop, à cause du décalage horaire, si l'opération d'Éli a déjà eu lieu ou non. En tout cas, elle ne pourra certainement pas lui écrire avant quelques heures. Tom se demande si elle aura la même voix qu'avant l'accident.

– Oui, oui, maman, répond-il en accrochant négligemment son masque derrière ses oreilles avant de sortir rejoindre Olivier.

Devant la mine un peu défaite de son ami, il lui demande :

– Est-ce que ça va ?

– J'ai un peu mal, le dentiste m'a arraché deux molaires.

– Dis donc. Arrachées, pour toujours ?

– Bien sûr que non ! Il les a plantées dans un grand bac et va les garder en laboratoire le temps de les soigner et de restaurer l'émail. Il va me les réimplanter durant les vacances… Mais, en attendant, je ne peux manger que des purées.

Vroummmmmmm… Dès qu'ils entendent le bruit familier, Tom et Olivier se rangent machinalement sur le côté de la piste. Nazora surgit à toute allure, talonnée de près par Rod. Le garçon la dépasse. Elle le rattrape et reprend la tête. Au même moment, Tek débouche d'une piste perpendiculaire.

– Hé, pousse-toi, minus ! hurle-t-il en bousculant Tom au passage puis en repartant aussitôt vers la piste des adultes en voyant l'avance de Nazora.

– As-tu vu ? Comment fait-il pour échapper au contrôle ?

Encore une fois, Tek arrive le premier à l'école et gagne la course. Mais, comme chaque matin, la bulle hésite un moment avant de le laisser passer.

En classe, madame Rachel leur annonce le début de la semaine des examens du milieu de l'année. « Hourra ! », s'exclament à l'unisson les enfants qui adorent ces épreuves.

– Vous devez préparer votre matériel. N'oubliez pas que demain vous pourrez apporter les accessoires que vous jugerez utiles pour vous aider dans les épreuves. Cette année, nous sommes jumelés à une autre classe.

Tandis que madame Rachel termine ses explications, le mur qui sépare les deux salles s'enfonce dans le sol et Tom, ravi, est rejoint par Olivier et Nadine. La salle de classe, à présent deux fois plus grande, se transforme peu à peu. Un des murs se couvre de plusieurs petites portes.

Le principe de la semaine d'examens est simple : les élèves font face à des problèmes de toutes sortes et doivent trouver en groupe les solutions. Les professeurs se retirent et observent les élèves de l'extérieur de la classe.

Les épreuves débutent par une petite énigme. La phrase suivante apparaît sur le grand tableau :

J'écris ce que je suis, je suis ce que j'écris

– Hum, pas facile. Qui a une idée ? demande Nazora.

Tom, l'esprit ailleurs, regarde dehors. Il songe au Mini-monde, mais il est également préoccupé par le parc-bulle et par l'entrepôt étrange qu'ils ont découvert juste en dessous…

– Tu y es déjà allé, toi, chez Magalie et Charly ? demande-t-il à Nadine qui se détend en lançant une balle contre le mur sans que l'ordinateur de la classe ne la réprimande.

– Bien sûr que non, tu sais bien, ils n'invitent jamais personne chez eux.

– Tu y crois, toi, à ces histoires qu'on raconte à leur sujet ?

– Bah…

Pour résoudre la première épreuve des examens du milieu, les trois zélés de la classe – Néron, Aragon et Krypt – ont commencé une recherche sur Internet. Les jumeaux et Olivier explorent les murs de la classe. Ils ouvrent chaque porte et fouillent dans les compartiments à la recherche d'indices. Ils sortent différents objets : une hélice, des plumes de paon, un couteau, une couverture…

– Oh ! j'ai trouvé une corde.

– Et alors ?

– Heu…

Lili s'approche et commence à jouer avec la longue corde blanche. Elle l'entortille autour de son poignet et fait de jolis nœuds.

Sabine, qui n'a pas renoncé à faire parler Claude, s'approche de lui et lui demande :

– Alors, la Zone, est-ce aussi terrifiant qu'on le dit ?

Mais Claude lui fait signe qu'il ne peut pas parler parce qu'il a la bouche pleine de bonbons.

Personne n'a trouvé l'ombre d'une solution quand vibre la cloche de la récréation… Lili sort dans la cour avec la corde en continuant de la tortiller dans tous les sens.

Durant la récréation, Tom n'a pas le cœur à visiter le Mini-monde. Il sait bien ce qui l'attend : il va se retrouver devant ce dégoûtant mille-pattes gluant… Par ailleurs, il doit tenir la promesse qu'il a faite à Éli, celle de libérer Pico. Entouré de ses amis, il se résout à sortir l'Œil de cristal. Il le frotte lentement avec le tissu doux de la chaussette, prenant tout son temps, puis *pouffe* le premier dans le Mini-monde…

MMMMMMMMMMMMMMMMMMM

Ainsi bêtement surpris, Hydro bafouille et ne sait trop quelle excuse inventer pour se débarrasser de cet insecte à pattes qui n'a pas l'air commode du tout …

– Vous êtes nouveau, et alors ? Vous devriez être aux dortoirs, postillonne l'affreux méta-Atomix.

– C'est que j'étais… heu… trop impatient… hum… de visiter.

– Ah ! Je comprends votre curiosité. C'est votre première visite dans *mon* usine ?

– Ou… oui.

– Petit chanceux, vous tombez bien. Je suis Ruthénium, le directeur. Alors, suivez le guide.

Et, avec une grande satisfaction, l'insecte gluant entraîne Hydro dans les dédales de l'horreur.

La première salle qu'ils visitent contient de grands bacs pleins d'électrons. Les pauvres petits sont entassés pêle-mêle, les ailes enroulées dans le ruban adhésif : il s'agit du nouvel arrivage. Hydro cherche Pico dans le lot. L'électron devrait être facile à reconnaître, car Héli lui a expliqué qu'il a un petit symbole He sur son casque.

– Ils vous intéressent ? Allez-y, servez-vous. C'est pour tout le monde. Hi ! Ho ! Hi ! Tenez, comme prime de bienvenue.

Le gros insecte plonge sa main dans le bac et en sort une pleine poignée d'électrons qu'il fourre sans gêne dans la pochette d'Hydro. Sans laisser le temps au miniAtomix de souffler, le gros insecte poursuit la visite.

– Par ici.

Plus loin, en ouvrant la porte étroite de la salle suivante, il annonce avec fierté :

– Attention, surprise ! Voici la salle des sauts quantiques, une pure merveille.

Le plafond est à peine visible tant la salle dans laquelle ils se trouvent est haute.

– On ne choisit que les meilleurs parmi tous ceux qui arrivent. Les électrons sont de force gavés d'énergie, jusqu'à plus soif. Ho ! Hi ! Ho ! Une fois relâchés, ils filent jusqu'aux plus hautes couches énergétiques. On peut dire qu'ils ont de la place dans ce gymnase spécial. Ho ! Hi ! Regardez !

Très loin, tout là-haut, perché au bout d'un tremplin, un petit électron tremble de peur en regardant en bas.

– Oh !

– La plupart d'entre eux sont comme celui-ci : des peureux. Ils n'osent pas sauter.

Aucun palier intermédiaire n'est disponible pour une descente en douceur. Il n'y a qu'un seul saut, un saut de géant.

Le petit hésite, se retourne pour chercher une issue.

– Heureusement, l'entraîneur est là pour lui donner un petit coup de main. Hi ! Ho ! Hi ! Regardez bien. Mon moment préféré !

Sans plus de façon, un métaAtomix pousse d'une petite pichenotte le malheureux électron dans le vide. Après une longue chute, et l'émission d'une petite boule de lumière – un super photon énergétique – le petit s'écrase violemment sur la couche de repos. Puis à grand-peine, il se relève avant de disparaître derrière une petite porte. Mouch, agrippé à son petit périscope, assiste avec horreur à la scène. Ses yeux sont comme des fusils.

– Ho! Hi! Ho! Vous avez vu sa tronche? En tout cas, il n'a rien d'un futur champion. Par contre, dans le coin, là-bas, vous avez un vrai champion, Tomba, un des électrons de notre chef adoré. Durant les électrolympiades, nous raflons toutes les médailles…

« Ce n'est pas étonnant, songe Hydro, à voir comment les électrons sont sélectionnés et entraînés de force. »

– Ce n'est pas fini. Par ici, à présent.

Hydro en a vu assez et c'est avec beaucoup d'appréhension qu'il entre dans la pièce suivante, une immense salle contenant à perte de vue de minuscules cages.

– Nous en aurons bientôt un million. Il faudra construire une deuxième usine.

À l'intérieur de chacune des cages se trouve un petit électron qui tourne dans une roue sans fin. L'espace est juste assez grand pour qu'il se tienne debout. Impossible de déplier les ailes…

– Un ingénieux système : les électrons ont droit à une petite miette de capsule quand leur vitesse atteint les mille tours par seconde. L'énergie produite est récupérée et emmagasinée. Les électrons trop paresseux se punissent eux-mêmes. Ils ne mangent pas et dépérissent. Hi ! Ho !

À travers les grilles, des électrons maigres et affaiblis regardent Hydro avec de grands yeux tristes… Ils font pitié à voir. Le mini-Atomix retient sa rage. Mouch fulmine. Il rêve d'enfermer cet horrible mille-pattes gluant dans une cage à électron…

Soudain, un souffle glacé envahit Hydro. À l'autre bout de la pièce se tient le terrible Technétium. Le scorpion marche à grandes enjambées dans leur direction, le regard furieux.

– Ah ! Vous voilà enfin, lance-t-il en direction de Ruthénium.

– Votre Chose ! C'est trop d'horreur, bredouille le mille-pattes en courbant la tête en signe de soumission.

– Qui est ce petit robot ? demande Technétium en fixant Hydro d'un regard inquisiteur.

Le miniAtomix, certain d'avoir été démasqué, tremble de tous ses membres, incapable de prononcer un mot.

– Oh, lui ! répond le directeur de l'usine. Un simple ouvrier, Votre très cher Truc, il vient d'arriver.

– Vous devez renforcer la sécurité, ordonne Technétium. Des espions – ce microbe d'Hydro et ses acolytes – veulent s'en prendre à l'usine. Alors, redoublez de vigilance. Je veux être avisé personnellement au moindre signe suspect. Vous m'entendez ?

– Oui, oui, certainement, Votre honorable Machin.

Hydro, couvert de sueur, profite du fait qu'on ne lui porte plus attention pour se retirer discrètement à reculons.

Par bonheur, il retrouve ses compagnons et leur explique ce qu'il vient de voir : les sauts quantiques forcés, les cages de torture… Héli se cache le visage dans les mains : oh ! pauvre Pico ! Dans quel état allait-elle le retrouver ?

– Le mieux serait de commencer à chercher dans cette salle remplie de cages, propose Azote. L'électron d'Héli s'y trouve certainement.

Hydro sert de guide et les amène jusqu'à la salle des cages à présent déserte.

– Les pauvres petits ! s'exclame Chlore à la vue des cages tristement empilées jusqu'au plafond. On ne peut pas les laisser comme ça.

– Comment veux-tu les sortir d'ici? demande Oxy, dépassé par l'ampleur du travail à accomplir.

– Je suis d'accord avec Chlore, affirme Hydro. Il faut les libérer… Ils auront la chance de se délier les ailes un moment.

– Et comment allons-nous réussir à ouvrir des milliers de cage en un temps record, cher monsieur H?

– Pas la peine de vous quereller. Il existe une solution très simple. Voilà, il suffit de libérer deux électrons et de leur expliquer qu'ils doivent chacun à leur tour en libérer deux autres.

– Mais… et alors?

Sod se dirige vers les cages et, sans plus attendre, met son plan à exécution. Au début, le rythme est lent. Les deux électrons libres en libèrent quatre… Puis huit, seize, trente-deux, soixante-quatre. Le mouvement s'accélère. Les cages sont maintenant ouvertes à un rythme affolant qui double à chaque cycle. Les électrons fourmillent bientôt partout dans la pièce et, en un tour de main, sont tous libres.

– Bravo, Sod, jubile Oxy.

Chose étonnante, à mesure qu'ils le peuvent, les électrons s'agglutinent autour d'une sorte d'entonnoir.

– Ma parole, on dirait qu'ils prennent la poudre d'escampette, fait observer Azote.

Effectivement, tandis qu'Héli cherche désespérément Pico dans la mêlée, les électrons s'engouffrent, comme aspirés dans l'ouverture en entonnoir. Mais où vont-ils ainsi ?

De son côté, Mouch travaille d'arrache-pied. Il a fort à faire pour désengluer les ailes des électrons que le directeur Ruthénium a mis de force dans la pochette d'Hydro. Il a installé un petit campement de survie dans son salon et court d'un sous-sol à l'autre pour trouver des ciseaux, du solvant pour dissoudre la colle, un thermomètre… Aussitôt libérés, les petits s'envolent et font pirouettes et vrilles pour remercier Mouch avant de s'engouffrer à leur tour dans l'entonnoir.

– Pico ? PICO ! Où es-tu, mon petit ?

La petite fée, paniquée, se tourne vers Hydro comme pour chercher son soutien.

– Je ne le vois nulle part et regarde, Nino ne bouge presque pas.

– Alors, c'est que… Pico n'est pas ici… Il faut partir.

– Non ! Il n'en est pas question. Je reste, s'obstine la petite fée.

– Cela ne servira à rien. Tu vas te faire prendre. Qui sauvera Pico ensuite ?

Les miniAtomix sortent de la salle des cages et longent à nouveau les corridors de l'usine en direction de la sortie… Juste comme ils arrivent en vue de la porte principale, une sirène rugit. Huuuuuuiiiiiiiiiiiit! Huuuuuiiiiiiiiiit! Il faut faire vite… Ils se mettent à courir vers la porte et, comme Oxy vient pour la pousser, clok! elle se verrouille: les voilà pris au piège.

MMMMMMMMMMMMMMMMMMMMM

– Quand je vais mettre la main sur cet hurluberlu de Technétium, il va le payer cher, rage Nadine dès qu'ils sont de retour dans la cour de l'école.

Elle résume le sentiment général du groupe et explique en détail à Sabine, Charly et Magalie ce qu'ils ont découvert dans l'usine d'*é*.

– Oh, le monstre! Nous avons rejoint le village des Frontaliers…

– …mais notre séjour est trop tranquille, protestent les jumeaux, beaucoup trop tranquille.

Depuis qu'ils sont chez les Frontaliers, les félins se rongent les griffes d'ennui et sont forcés de faire des corvées en attendant le retour de leurs amis.

– Vous avez besoin de notre aide. Nous tenterons de convaincre…

– ...cette Francium de nous laisser partir pour la Zone.

– Et Pico, demande Antimoine, avez-vous retrouvé Pico ?

– Non... il n'était pas dans l'usine...

*

Au même moment, à Madrid en Espagne, Éli ouvre les yeux pour la première fois depuis l'opération. Inquiète, elle regarde sa mère qui lui tient la main, debout à ses côtés. Et si l'opération n'avait pas fonctionné... Elle a mal. Quand elle avale, la salive passe avec difficulté, comme si sa gorge était obstruée par une énorme boule.

– Bonjour, ma belle prune, lui dit gentiment sa mère en lui caressant le front. Tout va bien.

La petite fille a soif mais sa mère ne lui donne que des glaçons à sucer. Éli essaie de parler... aucun son ne sort... Les larmes lui viennent aux yeux. L'opération a échoué...

– N'essaie pas maintenant. Souviens-toi des recommandations du médecin, il faut y aller très progressivement. Sois patiente, ma belle.

Éli se rappelle et hoche la tête, elle attendra le temps qu'il faudra... Tout, pourvu qu'elle reparle un jour. Soudain fatiguée, elle ferme les yeux et se rendort aussitôt en tenant toujours la main de sa mère dans la sienne.

Tom et ses amis retournent en classe, plus préoccupés par le Mini-monde que par l'énigme impossible qu'ils doivent résoudre.

– J'ai trouvé, annonce Lili en rentrant la dernière dans la salle.

Toutes les têtes se tournent avec incrédulité vers la fillette.

– Trouvé quoi ?

– La solution de l'épreuve. Je vais vous montrer.

Elle utilise la corde blanche qu'elle tortille par terre pour écrire la phrase suivante en un seul mot :

Jesuisunecordeblanchetortillee

– Placée sous forme de mots, la corde écrit ce qu'elle est, c'est-à-dire *une corde blanche tortillée* en mots.

– Bravo ! La première épreuve est réussie, annonce la voix tonitruante de l'ordinateur de la classe.

Aussitôt, un changement de décor s'opère. Ils sont maintenant plongés en pleine jungle pour affronter la nouvelle épreuve : un labyrinthe végétal en trois dimensions…

*

La journée a été épuisante, mais c'est débordants d'enthousiasme que les enfants déferlent dans la cour de l'école et repartent chacun chez eux le soir venu.

Nadine a sauté sur sa plaque antigravité et est partie avant tout le monde. La petite fille a un plan en tête. Elle a décidé de percer à jour le secret des jumeaux et s'est cachée pour les suivre à distance…

Trop absorbés dans leur discussion, Magalie et Charly ne remarquent pas qu'ils sont suivis. Ils partent en direction du nord de la ville en longeant la grande artère commerciale du quartier. Après quelques pâtés de maisons, les jumeaux bifurquent dans une petite rue secondaire, une rue de livraison. Nadine avance prudemment de peur de se faire surprendre. Elle passe la tête et jette un coup d'œil. Elle voit un camion-robot en train d'effectuer une livraison de grosses boîtes, mais oh !… les jumeaux ont disparu.

*

– C'est toi, mon petit Tek ?

– Oui, grand-mère.

– Je t'ai préparé de bons biscuits aux navets comme tu les aimes.

– Un instant, j'arrive.

Le garçon se précipite dans sa chambre pour vérifier son courrier électronique. Il a peut-être reçu un nouveau message de ce mystérieux « monsieur P ».

Quelle n'avait pas été sa surprise de découvrir quelques jours auparavant le message suivant envoyé à son attention :

> De : brlkbrlk@790714841020.02
> Envoyé : 11 décembre 2050
> TEK : Hydro et ses acolytes sont maintenant dans la Zone. Vont tenter de libérer les électrons de l'usine d'*é*.
> P

P ? Qui était P et que lui voulait-il ? C'était certainement aussi ce mystérieux P qui lui avait fait parvenir le Cylindre d'or. Après avoir cherché, en vain, une porte pour accéder au Mini-monde, Tek avait finalement reçu chez lui un petit colis contenant le cylindre grossissant. Il avait immédiatement compris que l'objet servait de porte pour accéder au Mini-monde.

Le soir même, après le repas, Tek s'était enfermé dans sa chambre sous prétexte de finir ses devoirs. Il avait placé une extrémité du Cylindre d'or sur la surface métallique qui recouvrait sa lampe de chevet, avait approché son œil de plus en plus jusqu'à le coller sur l'autre extrémité, et alors, fouit ! il s'était retrouvé dans le Mini-monde dans la peau de Technétium, un scorpion puissant, le chef des métaAtomix.

Tek avait découvert avec ravissement la Zone, un monde à son image, un monde ordonné, propre, harmonieux avec des surfaces lisses, des coins carrés, bien d'équerre.

Il avait depuis lors visité plusieurs fois le Mini-monde. Associé à Technétium, il avait intensifié l'exploitation de l'usine d'*é*. Il avait besoin d'énergie, de toujours plus d'énergie pour modeler le Mini-monde à sa manière. Il souhaitait étendre la Zone et offrir à tous les habitants du Mini-monde plus de confort, de luxe, de chaleur…

Mais ce soir, pas de nouveau message du mystérieux monsieur P. Déçu, Tek s'introduit comme il en a pris l'habitude dans les CP d'Éli et de Tom pour espionner les conversations des deux amis. Justement, il découvre un message que Tom vient d'envoyer à Éli: «CCTATCTGCGGG[1] n'était pas à la d'GAA... mais ACCGAATGCCATAATGAAACCATCC TAATG oui. Il faut se méfier.»

Du charabia! Tek n'y comprend rien. Malgré ses efforts et après une demi-heure de travail acharné, il doit se rendre à l'évidence: impossible de décoder ce message. Le garçon rage.

– Tek? Viens vite, mon garçon, je ne comprends pas ce qui se passe, on dirait que les biscuits ratatinent à vue d'œil.

Quand Tek arrive à la cuisine, il s'empare d'un biscuit qui ressemble à de la glu en ébullition se solidifiant. Or, ce soir, la «délicieuse» cuisine de sa grand-mère ne réussit même pas à lui rendre sa bonne humeur. Comme cela lui arrive souvent, surtout quand il est contrarié, Tek se demande ce qui cloche chez lui... Il est bien sûr très heureux d'avoir été adopté par Actinia – une

1. Pour connaître la clef du code, voir la page 221.

grand-mère formidable –, mais il aimerait connaître ses parents, comprendre pourquoi ils ne donnent pas signe de vie, pourquoi la bulle hésite avant de le laisser entrer à l'école…

Mais un sujet préoccupe Tek plus que tout autre. Il n'en parle à personne, sauf à sa grand-mère : il est amnésique. À part quelques images – un curieux séjour dans un endroit blanc ressemblant à un hôpital –, Tek n'a aucun souvenir d'avant son arrivée chez Actinia. A-t-il été victime d'un accident ?

– Grand-mère, crois-tu que je vais retrouver la mémoire un jour ?

– Bah ! les souvenirs, mon petit, ce n'est rien. Regarde-moi, j'ai perdu presque tous les miens. Est-ce que cela m'empêche d'être heureuse avec toi ? Pas du tout. Allons, mange pendant qu'il y a encore des bulles…

– Raconte-moi encore comment je suis arrivé ici.

– Attends un peu que je me rappelle. Une femme t'a emmené… ou bien était-ce Jérôme ? Impossible, non, Jérôme habite en Asie. Ou alors…

Nazora / Azote

Tek / Technétium

Coralie / Cobalt

Rod / Rhodium

Chapitre 5

Le bout du monde

Sur la piste des adultes, Tek passe en vitesse accélérée. Il est certain d'arriver à l'école avant cette petite prétentieuse de Nazora. C'est lui le plus fort.

Ce matin, il a un objectif: mettre la main sur le fameux code secret d'Éli et de Tom. Dès qu'il entre en classe, Tek fouille discrètement dans le sac du garçon et découvre, oh!... Il referme précipitamment le sac de Tom sans être vu. Il n'a pas trouvé le code secret, mais il a déniché bien mieux...

En classe, madame Rachel félicite les élèves pour les épreuves qu'ils ont réussies haut la main la veille.

– Bravo à Lili pour la solution de la corde blanche. Et à Nadine pour ses exploits acrobatiques dans la jungle. Bonne chance à tous pour aujourd'hui et à plus tard.

Les élèves empilent sur les tablettes les objets qu'ils ont apportés de la maison pour les aider à passer les épreuves. Les jumeaux vident leur sac:

– Nous avons des diodes…

– …et des transistors.

Tek en profite pour s'approcher de Tom et lui demande d'une voix assez forte pour être entendu de tous:

– Et toi, Tom, as-tu apporté quelque chose?

– Évidemment.

– Fais voir.

Le petit garçon ouvre son sac, jette un coup d'œil à l'intérieur et rougit jusqu'aux oreilles. Oh, non!… au lieu des couches d'isolant et des puces électroniques, Gustave l'ordinateur domestique a mis dans son sac des couches de bébé et une suce électronique.

– Heu… c'est que… il y a un petit problème.

Tek, plus rapide, lui arrache le sac des mains et sort devant toute la classe les objets qui s'y trouvent. C'est aussitôt le fou rire général. Même Olivier n'arrive pas à se retenir.

– Bébé lala qui ne sort jamais sans sa suce, se moque Tek au milieu des éclats de rire.

Tom, penaud et humilié, garde la tête baissée.

Heureusement pour lui, l'ordinateur de la classe vient d'annoncer le début des épreuves du jour. Les élèves doivent agencer des éléments – un casse-tête en quelque sorte – et fabriquer

un circuit qui relie une pile électrique à une machine à faire des bulles de savon. Toutes les composantes métalliques doivent se toucher pour permettre le passage du courant électrique.

– Hyper facile, conclut Tek après avoir jeté un coup d'œil négligeant au tas de fils, de résistances et de plaques conductrices mis à leur disposition.

Sans hésiter, il commence l'assemblage. Il travaille sans plan, très concentré. Tek ajuste les fils, suit les circuits, soude les transistors que lui passe Charly, branche les raccords… un véritable virtuose.

– À toi l'honneur, dit-il dès qu'il a terminé en se tournant fièrement vers la petite Césarine.

La petite fille appuie sur un interrupteur et aussitôt des centaines de jolies bulles de savon multicolores sont expulsées dans la classe.

– Oh, que c'est joli !

Durant le repas du midi, qu'ils prennent en classe assis autour d'un oasis avec palmiers, Tom regarde avec étonnement Tek manger son sandwich à la table voisine.

– Hé, mais… tu n'as pas enlevé l'emballage de plastique ?

– Et alors ?

« Oups, songe Tek, encore une anomalie. » Pour détourner l'attention, il passe aussitôt à l'attaque.

– Moi au moins, j'ai passé l'âge des couches et des biberons, ajoute-il en montrant Tom du doigt.

Il se tourne ensuite vers Olivier qui avale péniblement comme dessert le contenu d'un petit pot de purée de poire.

– …et l'âge des purées. Mieux vaut manger une petite bouchée de plastique que de rester minus toute sa vie.

Après le repas, ils sortent dans la cour de l'école pour se dégourdir les jambes. Tom et ses amis en profitent pour trouver un coin tranquille et *pouffent* dans le Mini-monde. Tek, qui les observe de loin, fait immédiatement signe à Rod et Ruther de le suivre ; il tient dans sa main le fameux Cylindre d'or.

MMMMMMMMMMMMMMMMMMMMM

Malgré leurs efforts, impossible d'ouvrir la porte de l'usine. Les miniAtomix doivent trouver un autre moyen pour sortir de là au plus vite. Ils rebroussent chemin. Les corridors fourmillent de gardes à présent. Les miniAtomix arrivent par hasard dans un entrepôt rempli de véhicules hétéroclites : des voitures sur pattes, à carapace, avec chenillettes, sur coussin d'air.

– C'est quoi ces engins ?

– Des é-mobiles, explique Chlore, fier de ses connaissances. Ces engins permettent de se déplacer rapidement sans avoir à marcher. J'ai suivi un entraînement de conduite avec le sergent Rhodium.

– Tu pourrais conduire alors ?

– Ben… c'est que, heu… je ne suis pas…

– Nous n'avons pas d'autre choix ! Tout le monde à bord.

Chlore s'installe au volant d'un véhicule à carapace sur roues. L'intérieur, conçu pour quatre métaAtomix, est spacieux. L'éléphant enfonce un bouton. Le véhicule avance brusquement. Il appuie ensuite sur un deuxième qui le fait reculer trop vite… bang ! Il emboutit le véhicule stationné derrière. Chlore n'est pas du tout habile pour la conduite. Oxy, qui l'observe, vient à son secours :

– Passe-moi les commandes. Je crois que j'ai pigé la manœuvre.

Après quelques essais, le centaure pilote déjà le véhicule avec aisance : une sorte de don. Il s'enligne sur la porte et démarre en trombe, mais ils sont aussitôt bloqués à la sortie du garage par un garde. Assise à l'avant, à côté d'Oxy, Azote, très autoritaire, l'apostrophe énergiquement :

– Vous voyez pas qu'il s'agit d'une alerte ? Tous les électrons se sont échappés. Poussez-vous, espèce de boson de Higgs !

– C'est que... heu... J'ai des ordres.

– Je vais vous en donner, moi, des ordres. Nous allons dresser des filets magnétiques pour barrer la route aux fuyards. Laissez-nous passer immédiatement, sinon... vous serez tenu personnellement responsable de l'échec de notre mission.

Le métaAtomix, intimidé par les propos de la méduse, bafouille, hésite un moment puis finit par céder. Oxy fonce par la porte ouverte. Dans le rétroviseur, il voit plusieurs métaAtomix qui viennent d'envahir le garage et qui gesticulent dans leur direction ! Ouf, juste à temps !

*

En rageant, Technétium fulmine et marche de long en large dans son vaste bureau qui domine la ville. Le directeur de l'usine regarde ses mille pieds en écoutant le chef.

– Rattrapez-moi ces espions sur-le-champ, bloquez toutes les issues de la ville et faites venir sans tarder le sergent Rhodium.

Le scorpion se rappelle soudain le petit robot qu'il a croisé la veille en compagnie du directeur de l'usine. Maigrichon et justement...

si petit. N'y aurait-il pas un rapprochement à faire avec les événements de cette nuit ?

– Réunissez tous les nouveaux dans la salle des cages. Je veux les interroger personnellement.

Quelques minutes plus tard, les nouveaux, qui ne savent pas pourquoi on les a sortis du lit et fait venir en pleine nuit dans cette salle étrange, attendent avec inquiétude.

– Qu'est-ce que tu crois qu'il veut, Ru-ru ? demande un des ouvriers en poussant du coude son voisin.

– Chut ! C'est pas Ru-ru, regarde, c'est le chef en personne. Je n'aimerais pas avoir affaire à lui... Oh là là !

Technétium vient d'entrer dans la pièce. Il brandit ses grosses pinces et pointe le bout de son dard en direction de l'assemblée ; ses électrons prennent position autour de lui. De temps en temps, l'un d'entre eux s'échappe pour huiler les jointures du scorpion, faire briller sa carapace ou replacer la mèche de cheveux qui lui tombe dans les yeux.

La voix grave de Technétium résonne dans la salle des cages anormalement silencieuse depuis que les électrons ont cessé de faire tourner les milliers de petites roues.

– De dangereux espions, qui se sont introduits dans l'usine, cherchent à déstabiliser notre Grand Programme de développement. La situation actuelle est critique, si grave en fait que nous aurons bientôt à subir des déficits majeurs d'énergie dans tout le pays.

Tout en parlant, le scorpion scrute un à un les nouveaux. Il cherche le petit… Mais il doit bien se rendre à l'évidence, le robot n'est pas là… Bien sûr, il aurait dû s'en douter : beaucoup trop minus pour un métaAtomix.

– Quiconque aidera ces misérables fugitifs sera considéré et traité comme un conspirateur. Si vous avez observé des comportements ou des faits suspects, parlez maintenant.

Une chenille verte poilue sort timidement des rangs. Elle est aussitôt suivie par un papillon rouge à pattes maigres.

– Justement, chef, on en parlait… Il manque le groupe des petits, déclare la chenille.

– Le groupe des quoi ?

– Un groupe de six.

– Non, cinq, corrige le papillon rouge. Tous petits, surtout les pucerons. Ils ne sont jamais arrivés au dortoir. On pensait bien qu'ils s'étaient perdus dans l'usine.

– Pouvez-vous les décrire ?

– Il s'agit d'un insecte, une sorte de bourdon rouge avec des points jaunes.

– Ah non. Tu n'y es pas du tout, voyons. C'est un puceron noir avec des lignes rouges et bleues, et aussi des antennes. Et deux robots avec des yeux et des bras...

– Tu parles du gros à trompe et de cette espèce de dinosaure malade?

– Non, non, je...

Exaspéré en songeant qu'il n'arrivera à rien avec ces descriptions boiteuses – le papillon et la chenille se contredisent sans arrêt –, Technétium lève bien haut ses pinces menaçantes pour réclamer le silence.

– Très bien, très bien... Vous donnerez les détails au directeur.

Comment pouvait-on être si peu observateur! Lui n'oubliait jamais un visage, et d'ailleurs, en y repensant, les yeux du robot lui avaient paru étrangement familiers... Le scorpion avait eu amplement le temps d'imprimer dans sa mémoire chaque détail du petit robot.

Plus tard, installé dans son bureau et sans prononcer une parole, Technétium donne des ordres à ses électrons qui réagissent au moindre de ses mouvements, petite grimace, froncement des yeux, soulèvement des sourcils... Avec satisfaction, le scorpion voit émerger du bourdonnement d'électrons, qui égratignent par petits traits une surface de métal, un portrait-robot de l'espion qui frise la perfection. En voilà un qui ne pourrait plus circuler librement dans la Zone.

*

La conduite d'Oxy est parfaite, comme s'il avait eu un tel engin entre les mains à la naissance. Il emprunte tantôt des tunnels, tantôt des tapis roulants à contresens. Le centaure change constamment de niveau et gagne de plus en plus de terrain sur les é-mobiles des métaAtomix qui les ont pris en chasse.

– J'ai mal au cœur et j'ai la trompe bouchée, se plaint l'éléphant.

Plié en deux sur le siège arrière, Chlore lutte contre la nausée. Debout à ses côtés, Sod commente avec enthousiasme chacun des mouvements de leurs poursuivants avec enthousiasme.

– Attention sur la droite ! J'en vois deux qui arrivent. Oh, en arrière aussi ! Vite ! Tourne, Oxy, tourne.

– Hé ! Mets un bémol sur la trame sonore, tu veux ! l'apostrophe Azote qui supporte mal l'excitation excessive de la petite guenon.

Oxy s'amuse: accélérations, coups de volant brusques, dérapages contrôlés dans les courbes.

– Plus vite, l'encourage Sod qui tombe en riant dans les virages trop rapides tantôt sur Chlore, tantôt sur Héli.

En moins de deux, le talentueux centaure réussit à semer les métaAtomix à leurs trousses. Ils arrivent aux portes de la ville, se faufilent habilement dans un convoi militaire et… sortent de Métapolis sans être inquiétés.

– Oxy, tu es un as! jubile la petite guenon.

Tout le territoire de la Zone est mis en état d'alerte maximale: les miniAtomix doivent être retrouvés sur-le-champ et les électrons, ramenés au bercail.

– Ils vont chercher à rejoindre le Pays de Möle, explique Technétium en conciliabule avec le sergent Rhodium. Alors, déployez toutes les forces militaires sur les frontières sans tarder. S'ils réussissent à sortir de la ville, nous les coincerons quand ils tenteront de retourner chez eux.

– Oui, chef. Bien, chef.

Puis, à voix basse pour lui-même, le scorpion ajoute:

– Je me demande par quel prodige ils ont réussi à libérer autant d'électrons en si peu de temps… et comment ils font pour les transporter tous dans une seule voiture.

✶

Pendant que les métaAtomix se dirigent vers les frontières, Hydro et ses compagnons circulent vers l'est. Eh oui, Nino dans la boussole à spin est orienté vers l'est, c'est-à-dire dans la direction opposée au Pays de Möle. Ils croisent de nombreuses patrouilles, mais toutes se dirigent vers l'ouest et les ignorent complètement. Ils circulent le reste de la nuit ainsi qu'une partie de l'avant-midi sans être inquiétés le moins du monde. Le voyage est si paisible que les quatre mini-Atomix installés à l'arrière dorment à poings fermés, bercés par les ronflements de Chlore.

Toujours en alerte, Azote remarque sur le bord de la route des affiches qu'elle n'avait pas vues la veille. De quoi peut-il bien s'agir ?

– Arrête-toi, s'il te plaît, Oxy. Je voudrais y jeter un coup d'œil…

Catastrophée, la méduse revient vers la voiture et tend une des affiches à Hydro qui émerge de son sommeil. Tous peuvent admirer le portrait très ressemblant du petit robot…

Si bien exécuté, à vrai dire, qu'on dirait une photographie.

– Hé! Joli portrait, commente Sod.

– Il n'y a pas de quoi rire, réplique Azote. Cette affiche est placardée partout. Dorénavant, Hydro ne peut plus circuler librement dans la Zone. Il sera immédiatement reconnu et dénoncé.

– Mince alors! Et qu'est-ce que je vais faire? s'inquiète Hydro.

– Il y a toujours le ventre d'Oxy. Je pourrais te faire une petite place… ajoute avec humour la petite guenon-pas-toujours-drôle.

Et comme les problèmes arrivent souvent en grappe, Oxy constate soudain que la vitesse de l'é-mobile diminue. La carapace crachote: teuf! teuf!

– Ho, ho… je crois que nous allons avoir une panne.

– Ho, ho… et devant, on dirait de gros pépins en vue, ajoute Sod.

Effectivement, à l'horizon se profilent des tourbillons immenses, noirs et menaçants: ils se dirigent droit vers une tempête.

La région dans laquelle ils roulent depuis un moment est désertique et la route, pleine de bosses, de creux et de fissures… comme si elle était laissée à l'abandon. Chlore n'est pas très rassuré.

– Il n'y a pas grand monde qui passe par ici. On devrait peut-être faire demi-tour... suggère-t-il sans susciter de réaction.

L'é-mobile avance maintenant avec peine. Teuf! Teuf! Cachée derrière un rocher que contourne la route, apparaît alors comme par magie une charmante petite maison de pierre perdue au milieu du désert. La maison est entourée d'une clôture, et sur le terrain pousse... un arbre. C'est le premier qu'ils voient depuis leur arrivée dans la Zone. Oxy applique les freins. Sod voudrait bien se précipiter pour se dégourdir les bras et les jambes, mais elle se retient.

– Restez dans la voiture, ordonne Azote. Je vais aux renseignements.

La méduse s'approche prudemment de la clôture. Elle aperçoit un vieux robot tout cabossé perché sur une échelle. Il s'applique à nettoyer délicatement les feuilles de l'arbre, l'une après l'autre, en parlant d'une voix douce.

– Voilà, regarde comme tu brilles à nouveau. Comment?

– Hum, hum... pardon...

Le vieux robot, qui n'a pas entendu venir la méduse, sursaute et s'accroche à son échelle pour ne pas tomber.

– Ah, un visiteur ? Tiens, j'avais oublié que je ne suis pas seul au Mini-monde…

– Excusez-moi, je ne voulais pas vous faire peur.

– Ce n'est rien. J'ai simplement un peu perdu l'habitude. Mon dernier visiteur remonte à… heu… attendez que je me souvienne… Plouc venait à peine de tomber du ciel…

– Qui donc ? demande Azote poliment.

– Mon arbre, voyons. Un jour, j'ai entendu un petit plouc ! et je l'ai trouvé dans le jardin, tout ébouriffé, se rappelle le vieux robot avec un brin de nostalgie.

« Surtout ne pas le contrarier », songe la méduse en se disant que le pauvre robot laissé à lui-même a peut-être perdu la raison… Tout en racontant son histoire, le vieux robot descend l'échelle en grinçant de partout puis vient rejoindre Azote.

– Je me présente, Zinc. Enchanté de faire votre connaissance.

Il remarque alors l'é-mobile stationnée devant la maison.

– Ciel ! mais vous n'êtes pas seule ? Hou là là ! Mais c'est la foule ! Je suis là à parler comme une vieille pie. Allez vite chercher vos amis et installez-vous à l'intérieur. Je vais vous préparer un bon jus de capsules, une de mes spécialités. Je passe d'abord en cueillir dans le jardin de roches, et je vous rejoins tout de suite.

Oxy, Héli et Chlore entrent dans la maison suivis d'Azote. Ils prennent place dans le salon. L'endroit est propre, sans métal ni plastique, une vieille construction faite de pierre et de terre.

– Me voici ! chantonne le robot grinçant en entrant par la porte arrière accompagné de… Sod et d'Hydro. Vous en aviez oublié deux dans la voiture. Je les ai invités aussi. Comme on dit, plus on est de fous, plus on rit. J'en ai pour une minute…

Heureusement, le vieux robot n'a pas eu l'air de reconnaître Hydro.

Quelques minutes plus tard, attablés devant leur verre de jus, la discussion reprend de plus belle. Le liquide noir et fumant ressemble à du sirop de pomme mal-malor. Berk ! Hydro n'y touche pas.

– Vous vivez seul ici ?

– Bien sûr que non, j'habite avec Plouc. Quand il courait encore sur ses petites racines, j'ai essayé de l'habituer à vivre avec moi dans la maison, mais il dépérissait et grognait. Il aime le grand air. Alors, j'ai construit la clôture pour ne pas le perdre. Et puis, il a pris racine.

« Un arbre tombé du ciel, et qui court partout par-dessus le marché… Pauvre vieux qui n'a plus toute sa tête », pense Azote pour elle-même avant de poursuivre :

– Et que faites-vous ici ?

– Je suis gardien.

– Gardien de quoi ?

– Des tempêtes. Je sais bien, vous vous demandez qui a besoin d'un gardien de tempêtes. Je me le demande aussi... En réalité, je reste pour prendre soin de Plouc.

Chlore remarque qu'Hydro n'a pas touché à son jus de capsules. Il demande la permission de le boire et ajoute tout bas : « Tu ne sais pas ce que tu manques ! » avant d'engloutir sans attendre ce délicieux liquide chaud qui goûte le chocolat.

– À propos de tempête, elle va durer longtemps, d'après vous, celle qui se pointe à l'horizon ?

– Là-bas ? Vous voulez rire ? C'est la région des tempêtes éternelles.

– Et après ces tourbillons, qu'est-ce qu'il y a ?

– L'est.

– Oui, mais après l'est ?

– Bien, rien.

– Mais ça finit comment ?

– Par le bout.

– Le bout de quoi ?

– Le bout du monde, quoi !

– Et après ?

– Après, il n'y a rien. C'est fini.

« Le tableau parfait, se dit Hydro avec ironie, nous voilà en route pour nulle part… À quoi bon continuer et se rendre au bout du monde pour ne rien y trouver ? »

Mais, Héli, comme si elle avait lu dans ses pensées, annonce avec détermination :

– Pico est dans cette direction. Pas question que j'abandonne, j'y vais.

– Bah ! Si vous poursuivez votre route par là, je ne vous dis pas au revoir, conclut le vieux robot. Je vous dis tout de suite adieu. Personne n'est jamais revenu des tempêtes de plasma.

Au moment du départ, en sortant de la maison, Sod ne peut pas résister et, en deux bonds, elle rejoint le sommet de l'arbre.

– Quelle agilité ! Hé, petite coccinelle, si tu peux frotter les feuilles du haut… cela me rendrait bien service et ménagerait mes articulations rouillées.

Sod frotte avec énergie, sautant à gauche puis à droite avec beaucoup de plaisir tandis qu'Oxy bourre l'é-mobile de capsules d'énergie.

– Ciel de tempête ! La récolte d'une année complète engloutie en un instant, s'étonne Zinc. Et tout ça simplement pour arriver à peine plus vite au bout du monde ! Je ne m'habituerai jamais à de pareils engins. Quel gaspillage !

– Ce n'est pas ce que pense Technétium, marmonne pour elle-même Azote.

– Techchichichnu ? Qui ?

« Décidément, ce vieux robot n'est pas contaminé par la folie technologique des métaAtomix, songe la méduse, plutôt ravie. Pas de crainte qu'il nous dénonce. Il est un peu bizarre, mais franchement sympathique. »

– Merci pour tout. Nous devons partir à présent.

– Bon… Je vous aurai avertis. Puisque vous vous entêtez à poursuivre votre route vers le bout du monde, prenez au moins cette corde. Une corde d'univers, de fabrication très spéciale. Elle vous sera utile pour traverser la tempête de plasma. Un seul conseil : restez toujours encordés.

– Au revoir !… Au revoir, Plouc !

– Oui, oui… au revoir… heu, adieu !

Très vite, après leur départ, la route devient impraticable et ils doivent abandonner le véhicule. Ils poursuivent à pied en se dirigeant directement vers la tempête qui fait rage et siffle comme un gigantesque serpent en colère.

Plus question de reculer à présent. Le sifflement du vent est si fort qu'il faut crier pour se faire entendre. Héli et Sod s'accrochent à Chlore pour ne pas s'envoler. Azote leur fait de grands signes et déroule la longue corde que leur a remise Zinc.

– Il… temps… s'att… her… entrer… l'œil d… la tempêt…, hurle-t-elle dans le vent qui mange ses mots.

Les miniAtomix s'attachent solidement les uns aux autres par la taille. Hydro ouvre la marche et, sans hésiter, s'enfonce dans les bouillons menaçants. Aussitôt, il est soulevé de terre, ballotté dans toutes les directions, et sa pochette malmenée s'ouvre. Activés par la très forte température à l'intérieur de la masse de plasma, les miniAtomix sont entraînés, les uns après les autres, dans un mouvement d'une extrême intensité. Sous le choc, tous les électrons sont expulsés et forment un gaz d'électrons libres.

– Au secouououours…

Au cœur de la tempête, le fracas est assourdissant, le vent siffle comme les turbines d'un avion à réaction… FuiiiiiiiiiiiiiiÎÎÎÎÎÎÎ ! Hydro tente de s'orienter. Ce n'est pas le moment de tourner en rond.

Ses pieds reprennent un instant contact avec le sol. Il se concentre et marche plié en deux contre le vent. Il n'a tout de même pas quitté le Grand Lac pour finir éparpillé aux quatre vents du bout du monde. Il avance à grand-peine. Il est premier de cordée et ses amis comptent sur lui. Encore un pas, un autre… Il s'acharne… Un pas à la fois. Puis, soudain, après un temps qui lui semble infini, poc ! il est expulsé en dehors du nuage de plasma. Autour de lui, plus un son, rien… le calme plat.

Hydro met un moment à reprendre ses esprits. La corde qui lui enserre la taille est tendue comme celle d'un arc. À l'autre bout, Héli se fait malmener dans la tourmente… Le petit miniAtomix se met à tirer, à tirer de toutes ses forces sur la corde et, heureux, voit apparaître son amie. À deux, ils tirent Azote en dehors du nuage de plasma, puis Oxy et Sod. Et, pour finir, ils unissent leur force pour sortir Chlore du pétrin.

Une, deux, han ! Une, deux, han ! Une, deux, han !… Au bout de la corde, le pauvre éléphant gît inconscient.

– Chlore, dis quelque chose.

– Vite, dégagez-lui la trompe, ordonne Azote en reprenant le commandement des opérations. On dirait qu'il n'arrive plus à respirer.

Quand l'opération de débouchage est terminée et que Chlore reprend un peu ses couleurs, Hydro remarque alors avec étonnement que Mouch vole en orbite autour d'Azote.

– Mouch ? Qu'est-ce que tu fais là ? Viens ici tout de suite.

En fait, Nino voltige autour d'Hydro. Tiens, comment a-t-il réussi à sortir de la boussole à spin celui-là ? Et certains électrons d'Oxy et de Chlore tournent à pleine vitesse autour de Sod… Bref, c'est le fouillis général ; tous les électrons sont mélangés.

Le tri demande une patience infinie car, loin de leur maître, les électrons sont peu enclins à obéir ; ils papotent, se sauvent, se cachent… Curieux, ils en profitent pour visiter les pochettes de leurs amis…

Dès qu'il a récupéré Mouch – qui a eu le temps de visiter au moins trois pochettes entre-temps –, Hydro l'enferme. Pour une fois, le petit électron ne proteste pas et s'endort épuisé en songeant à la belle journée qu'il vient de passer. Quel sentiment exaltant, cette traversée du plasma ! Et la pochette de Nino, il l'imaginait bien plus sombre et petite… Il aimerait bien avoir un trampoline comme celle des électrons d'Oxy ; il pourrait s'entraîner aux atterrissages de saut quantique. La Zone n'a pas que des mauvais côtés…

– Qu'est-ce qu'on fait maintenant ? demande Oxy.

Derrière eux, la tempête de plasma fait rage et devant… il n'y a rien du tout. Le sol se termine abruptement: ils sont au bout du monde. Le vieux robot avait raison. Ils sont coincés.

– En tous cas, moi, je ne retourne pas là-dedans, proteste l'éléphant en désignant les tempêtes éternelles.

Héli consulte la boussole à spin remise en état de marche. Nino a bien protesté avant d'y être enfermé à nouveau, mais il s'est résigné en pensant à Pico.

– D'après la boussole, il faut continuer vers l'est.

– C'est impossible, voyons. Où veux-tu qu'on aille? Il n'y a rien, argumente Hydro.

– Ton Nino doit être déboussolé. Pico n'est pas ici. Nous n'avons plus qu'à faire demi-tour, renchérit la petite guenon.

– Pas question, déclare Héli avec obstination. Nino pointe vers l'est, alors Pico est à l'est.

– Et tu vas faire quoi? On ne peut même pas faire un pas en avant sans tomber dans le vide.

– Je vais libérer Nino. On verra bien…

Aussitôt libre, Nino disparaît en longeant la tranche du monde et s'enfonce à pleine vitesse dans la noirceur de l'espace.

– Oh! Mais, où va-t-il?

Pendant ce temps, au Bzuzz, Cobalt regarde avec perplexité le portrait-robot d'Hydro que lui montre un client. « Il s'agit bien du petit qui est venu ici l'autre jour, songe la serveuse. J'aurais dû m'en douter ; des miniAtomix ! Je me demande bien où ils peuvent se cacher à présent. Chose certaine, ils auront besoin d'un passeur. Il n'y a pas une seconde à perdre. »

– Holà ! Patron. Je rends mon tablier.

– Mais, Cobalt ! Pourq... ? Tu ne peux pas me faire ça ! Cobalt, reviens !

Sans plus d'explications, l'androïde aux jambes de sauterelle pousse la porte du Bzuzz. « Plus question de remettre les pieds ici. » Elle se dirige aussitôt à grands pas vers la sortie de la ville. Que mijote-t-elle ?

MMMMMMMMMMMMMMMMMMMMMM

– Hé, vous dormez ? Vous n'avez pas senti la vibration ou quoi ?

Devant eux se tient Coralie, une fille de la classe des grands. Elle regarde Olivier avec des immenses yeux bleus dans lesquels le garçon se perdrait volontiers... « Dommage qu'elle fasse partie de l'équipe des MéTa ! », songe Olivier.

– Je crois qu'ils sont partis en orbite, fait remarquer Augusto en se moquant de Tom et de ses amis.

Pour illustrer ses propos, le garçon fait tinter la chaîne en or qu'il porte au poignet en tapotant sa tempe avec son index.

– En orbite mentale, si tu vois ce que je veux dire.

– C'est vrai, ce qu'on raconte sur le mini-univers ? demande Coralie à Augusto.

– Le Mini-monde ! Ouais, tout ce qu'il y a de plus vrai. Si tu veux, je peux en parler à Tek et tu pourrais venir avec nous.

– Oui, ça me plairait bien.

Durant l'après-midi, la classe est confrontée à l'épreuve du pont. Les élèves, entassés près des fenêtres, doivent construire un pont qui leur permettra d'atteindre la porte pour sortir de la classe. S'ils échouent, ils devront dormir en classe.

– Comment faire ? On n'a même pas de matériaux de construction.

Effectivement, à part un bassin rempli d'eau et, à côté, des cubes de plastique mous, la classe est presque vide…

– Si on empilait les cubes ? suggère Césarine.

– Non, trop mous, et puis il n'y en a pas assez pour joindre les deux bouts.

– Et l'eau ?

– Un pont en eau ! Qu'est-ce qu'il ne faut pas entendre, se moque Tek.

– Hum… pas si fou, intervient Krypt.

– Et pourquoi pas un pont en air tant qu'à faire ? Ce n'est pas l'air qui manque par ici.

Mais Krypt n'écoute pas les moqueries de Tek et remplit un cube de plastique avec de l'eau. Il se dirige vers une unité de réfrigération rapide située dans un mur de la classe. Après quelques minutes, il démoule fièrement un gros bloc de glace.

– Magie ! Voici de l'eau solide… Nous ferons un pont de glace.

Tous commencent à faire la navette entre le bassin d'eau, l'unité de réfrigération et le pont. Ils ont abaissé la température de la classe de quelques degrés. En moins d'une heure, le travail est terminé. Les élèves atteignent la porte et prennent la poudre d'escampette. Hourra !

Nadine, qui n'a pas renoncé à percer le mystère des jumeaux, quitte l'école la première et se place en position pour les suivre. Elle n'a pas longtemps à attendre : Magalie et Charly lui passent presque devant le nez. Curieusement, cette fois-ci, ils ne se dirigent pas vers l'artère commerciale comme la dernière fois, mais plutôt vers le quartier des tours à logements dans lequel habite Claude. Les jumeaux roulent vite sur la piste et Nadine se laisse distancer un peu pour ne pas être repérée.

Sans ralentir leur vitesse, parfaitement synchronisés, les jumeaux tournent à la dernière minute dans une entrée de garage. Nadine freine brusquement et revient sur ses pas. Elle entre à son tour mais, à part quelques voitures stationnées et un camion de livraison, le garage est vide. Les jumeaux ont encore disparu.

Chapitre 6

Le village des électrons dissidents

Après avoir passé la bulle, Augusto rejoint Tek qui, encore une fois, argumente avec Nazora au sujet de la course du matin.

– Ou bien tu es la meilleure et tu arrives en premier ou alors…

– Alors quoi ?

– Bah. Je perds mon temps. Tu devrais rejoindre ton groupe de petits.

Nazora lui tourne le dos et s'éloigne en serrant les dents, les cheveux en colère. S'il ne trichait pas, elle est certaine qu'elle gagnerait. Augusto en profite pour aborder Tek.

– Coralie est intéressée à venir avec nous tu sais où…

– Il est hors de question qu'elle utilise le Cylindre d'or. Je ne lui fais pas confiance.

– Pourquoi ? Elle fait partie de notre équipe.

– Tu as vu comment elle joue au ballon-ice ? Ce n'est pas une vraie MéTa.

En classe, les élèves doivent répondre à cette question bizarre:

Comment rendre la matière invisible?

– Mais c'est impossible! s'opposent en bloc Aragon, Néron et Krypt. On ne peut pas rendre la matière invisible.

– Mais oui, on peut: en la peinturant avec de la peinture invisible, suggère Nadine à la blague.

– Ou en la cachant dans un placard… renchérissent en chœur, dans la même veine, Charly et Magalie.

– Pour rendre la matière invisible, moi, je propose qu'on la mélange avec des matières différentes, propose Lili l'artiste.

Claude, qui est trop timide pour prendre la parole, se dit en lui-même: «On peut peut-être l'avaler?…»

Imperturbable, l'ordinateur de la classe n'accepte aucune de ces réponses jusqu'à l'intervention de Nazora qui propose la «séparation».

– La quoi?

– Oui, il suffit de séparer la matière en plein de petits paquets jusqu'à ce qu'elle devienne invisible.

– Que veux-tu dire?

– Prenons par exemple une pincée de sel. On peut séparer les cristaux de sel sur une grande table.

– Oui, mais on les voit encore.

– Ensuite, rien n'empêche de couper chaque cristal en deux, puis en deux, jusqu'à ce qu'il ne soit plus visible à l'œil nu.

– Bah, peut-être… mais est-ce que c'est encore vraiment du sel ? demande Nadine, sceptique.

– Oui, tant qu'on ne sépare pas les atomes du sel… et je doute qu'on y arrive avec un couteau, explique Krypt, tout de même un peu vexé de ne pas avoir trouvé la solution pour une fois.

La journée passe très vite et ce n'est qu'à la récréation de l'après-midi qu'ils peuvent enfin se réunir pour gagner le Mini-monde.

MMMMMMMMMMMMMMMMMMMM

Penchée devant la pénombre du bout du monde, Héli reste figée. Où est passé Nino ? La voilà bien avancée maintenant qu'elle a perdu tous ses électrons. Que faire ?

– Il n'y a pas trente-six solutions, déclare Oxy en préparant la corde d'univers. Il faut descendre.

– Tu n'y penses pas. C'est une paroi sans fin.

– Bah, je vais aller voir jusqu'au bout de la corde. Ça ne coûte rien.

Oxy fixe solidement un bout autour d'un rocher, enroule la corde autour de sa taille et commence à descendre doucement, ses sabots martelant la paroi lisse :

– Si je donne deux coups, c'est que tout va bien. Trois coups, vous me remontez.

Chlore, inquiet, se demande : « Et si Oxy tombait, où échouerait-il ? »

Une longue attente commence. Puis, la corde tendue se relâche soudain. Oxy est-il tombé ? Personne ne bouge. Tous les yeux sont fixés sur la corde qui, maintenant, pend mollement dans le vide… Elle se tend, toc ! un coup. Ouf ! Oxy est toujours là. La corde se tend à nouveau, toc ! deux coups. Chlore se tient prêt à tirer au troisième coup. Mais rien ne vient…

– Deux coups. Donc tout va bien. À mon tour !

Et, impatiente, comme à son habitude, Sod s'élance et dégringole en un tournemain le long de la corde qui mène on ne sait où… toc ! toc ! Deux coups, au suivant… Héli descend à son tour. Elle vole vers le bas en se guidant d'une main sur la corde. Elle entend des bruits, des vrombissements sourds venant de plus bas.

– Oxy ? Sod ?

La petite fée est prise de vertige quand elle regarde dans le vide. Elle ne voit rien, seulement la paroi qui s'étend à l'infini. Elle poursuit sa descente… Plus bas, la paroi devient moins lisse et paraît creusée par endroit. Héli descend encore. Soudain, un spectacle éblouissant s'offre à son regard. La tranche du monde se renfonce et forme une grotte dans laquelle volent des milliers – des milliards ? – d'électrons crépitants. Héli découvre, émerveillée, le village des électrons dissidents.

Elle pose les pieds au sol, aussitôt accueillie par Oxy. Sod s'empare de la corde, toc ! toc ! Deux coups, au suivant. Les autres mini-Atomix – même Chlore, après avoir rechigné un peu et s'être plaint que la corde n'était pas assez solide pour son poids – les rejoignent un à un.

Les murs de la grotte ressemblent à de grands escarpements rocheux dans lesquels nichent les électrons. Le spectacle est vraiment impressionnant. Ils volent dans toutes les directions. Puis, au milieu de ce va-et-vient, Héli aperçoit… son cœur ne fait qu'un bond :

– PicooOOOO !

Son cri déchirant perce l'espace, se faufile dans la foule et vient envelopper Pico. Tous les électrons se figent, en attente. Il n'y a plus un son dans la grotte. Le moment paraît irréel. Oxy retient son souffle. Leur longue quête a porté fruit…

La petite fée court vers son électron chéri. Le petit, qui a reconnu le cri d'Héli – il reconnaîtrait sa voix entre mille –, se précipite aussi vers elle à toute vitesse.

En riant, en sanglotant, elle le serre contre son cœur en l'appelant « mon Pico, mon petit, mon adoré, mon chichou », de tous ces petits noms doux qu'il n'a pas entendus… depuis ? Une éternité ! Le cœur de Pico explose. En se blottissant dans ses bras, il ne peut retenir ses sanglots. Enfin à la maison, près d'Héli et de Nino. Il ne pensait jamais les revoir…

Pico prend son envol en harmonie avec Nino. Ils entament une série de vols en duo, ponctués de pirouettes acrobatiques et de plusieurs tonneaux renversés. Le rire d'Héli retentit et se répercute en écho partout dans la grotte. Il y a si longtemps que l'électron n'a pas ressenti un tel bonheur ! Comme par magie, l'entrain de Pico est transmis à Nino. L'énergie envahit alors Héli qui, à son tour, la renvoie avec force aux deux petits.

Devant ce magnifique spectacle de bonheur, même la très peu sentimentale Azote a les larmes aux yeux. Pour cacher son embarras, elle marmonne que, puisque Pico est

maintenant retrouvé, il est temps de rentrer. Mais personne ne l'écoute.

De son côté, Oxy découvre avec émerveillement l'installation des électrons rebelles. Ils sont bien organisés, les petits. Au centre du village se trouve un poste d'accueil pour les électrons qui viennent de s'échapper de l'usine d'*é*. En ce moment, il y a fort à faire pour accommoder les nouveaux arrivants, dont plusieurs sont traumatisés, désorientés ou complètement épuisés. Heureusement, tout est bien préparé.

Oxy remarque, au fond, un tas de drôles de machines rafistolées. Il s'approche et aperçoit un groupe d'électrons qui trottent en rigolant dans des roues identiques à celles de la salle des cages, sauf que cette fois ils sont libres d'étirer les ailes. Les roues sont reliées à toutes sortes de curieux appareils. Tout ce matériel a été apporté morceau par morceau de l'usine d'*é*. Très fréquemment, un électron vient en remplacer un autre qui peut alors prendre une pause. C'est ainsi que les électrons dissidents produisent l'énergie qui leur est nécessaire. Ils ne se fatiguent jamais, car ils font chacun leur tour un petit effort sur une base volontaire.

« Hum, cela explique pourquoi il y a de l'éclairage ici », songe Oxy tout en poursuivant sa visite.

Un peu plus loin, il découvre des petites serres illuminées où poussent de minuscules capsules d'énergie… mais c'est tout de même mieux que rien. Puis il voit qu'une équipe d'électrons s'affaire à creuser de nouveaux petits nids dans le roc pour tous ceux qui viennent d'arriver.

Entre deux corvées, les électrons n'hésitent pas à aller s'amuser aux tremplins de saut quantique qu'ils ont aménagés comme un vrai parc d'amusement, avec des paliers pour tous les goûts et tous les talents. Une vraie merveille ! Oxy aimerait bien être un électron pendant quelques instants pour pouvoir exécuter l'un de ces fameux sauts.

*

Après une soirée de festivités, les mini-Atomix sont confortablement installés dans des nids creusés sur le bord du monde et remplis de duvet. Ils ont retiré leurs costumes et peuvent enfin se reposer sans souci.

– Bonne nuit, Hydro, et merci pour tout, chuchote Héli à l'oreille de son ami.

– Bonne nuit, Héli, répond Hydro en s'endormant le sourire aux lèvres.

Alors que tout le monde dort, Pico raconte son incroyable périple à Mouch, Nino et à un petit groupe d'électrons réunis à l'écart. Suspendus à ses lèvres, les électrons vibrent de révolte quand il raconte ce que lui ont fait subir les métaAtomix:

Voici le récit de Pico traduit de l'électronais pour les lecteurs curieux:

– 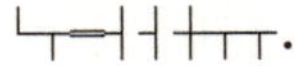... *Après avoir été capturé par Or le mercenaire, je me suis retrouvé les ailes engluées, incapable de bouger...*

Mouch rage, car il sait exactement ce qu'a ressenti Pico pour avoir vécu une humiliation semblable.

– Il m'a ensuite jeté sans ménagement au fond d'une vieille sacoche dans laquelle se trouvaient déjà empilés plusieurs électrons ficelés et mal en point. Il nous a trimballés ainsi durant des jours avec une totale indifférence pour nos souffrances. Je suis arrivé à l'usine d'é plein de bleus, les ailes déchirées, à bout d'énergie, incapable de faire un pas devant l'autre.

J'étais dans un tel état de détérioration que je n'ai même pas été sélectionné pour l'épreuve de saut quantique.

«– Bah! Celui-ci, pas la peine de l'essayer, avait décrété le répugnant mille-pattes en me jetant un coup d'œil. Il va tomber sur le nez sans rien émettre. Ho! Hi!

– Pas besoin non plus de gaspiller une cage, avait-on déclaré. »

On m'a simplement abandonné dans un coin comme un déchet inutile, un rebut… Je n'avais accès à aucune source d'énergie et je me serais certainement transmuté en gluon ou autre particule plus élémentaire sans l'aide inattendue de Cobalt.

Après deux longues journées de souffrance et de solitude, cette métaAtomix au cœur d'or est soudain apparue dans mon existence. La gentille – et très jolie – androïde a appliqué sur mes plaies un baume réconfortant, puis elle a pansé mes ailes. À l'aide d'un petit compte-gouttes, elle a réussi à me faire avaler de minuscules bouchées de capsules d'énergie en purée. Chaque jour, elle est venue me rendre visite et me prodiguer des soins. Sans elle…

Caché derrière une pile de cages d'électron vides, j'ai pu me reposer et, peu à peu, mes ailes ont repoussé. Après plusieurs jours de convalescence, j'ai retrouvé force et vigueur et je suis bien certain que Cobalt attendait ce moment pour me libérer… Malheureusement, nous avons été surpris par le directeur Ru-ru en personne, comme on le surnomme ici.

« – Que vois-je, ma parole, un électron en dehors des cages ! avait-il glapi en postillonnant vers Cobalt. On dirait en plus qu'il bénéficie

d'un traitement de faveur. Ce n'est pas une pouponnière ici, la belle. Vous n'avez plus rien à faire ici. Vos sentiments nuisent à la production. Dehors!»

Après le départ de Cobalt, j'ai été enfermé dans une cage si petite que je ne pouvais jamais y déployer mes ailes ou me tenir debout. Je devais faire tourner une roue sans fin dans l'espoir d'obtenir de temps à autre quelques miettes de capsule, juste assez pour ne pas tomber d'épuisement.

«– Hé, l'ami! m'est parvenu, un jour, une voix d'une cage voisine. Pour tenir, tu dois t'arranger pour te montrer plus vigoureux dans la roue. Les meilleurs sont mieux nourris. Quand on patrouille devant ta cage, redouble d'ardeur.»

J'ai suivi les conseils de cet électron inconnu et, bientôt, les portions de capsules sont devenues plus abondantes et plus énergétiques. Mes forces ont décuplé.

Je suis devenu si vigoureux que, finalement, j'ai été sélectionné pour le tour infernal. Quand vient le moment, les électrons sont arrachés à leur cage et enfoncés sans ménagement dans l'entonnoir. Une seule issue possible: le long tunnel noir. La pression monte à mesure qu'on ajoute de nouveaux électrons dans l'entonnoir. Il est impossible de résister. Nous sommes alors propulsés avec force dans le tunnel. Dès le seuil passé, la vitesse devient vertigineuse. Prisonnier de ces tubes géants, il est impossible de s'échapper ou de faire demi-tour.

C'est le début d'un long voyage périlleux, entrecoupé de pauses, d'embouteillages, de marche forcée dans des matières denses et visqueuses – les résistances – qui encombrent le tunnel et ralentissent le flot. Certains passages sont si difficiles – c'est comme courir avec de l'eau jusqu'au cou – que, sous l'effort, la température monte et atteint des degrés extrêmes qui forcent l'expulsion de photons en produisant une lumière éblouissante.

Il existe un grand nombre de circuits différents encombrés de diodes, transistors, condensateurs. Les circuits servent en fait à faire fonctionner toutes les machines de pouvoir des métaAtomix. Hé oui ! Les trottoirs lumineux, les é-mobiles, les tapis roulants, les canons d'énergie... absolument TOUT ici fonctionne grâce à nous... grâce au travail des électrons esclaves.

Un jour, au cours d'une pause dans une petite résistance, un camarade électron a eu l'idée de commencer à creuser une sorte de voie de service. Un embranchement, comme un aiguillage de chemin de fer permettant d'échapper au flot central. Ensuite, chaque jour, sans faire baisser la tension générale dans le fil pour ne pas alerter les métaAtomix, certains camarades ont été assignés au creusage du tunnel secondaire. À force de creuser, creuser et creuser… nous avons atteint le bout du monde. C'est ainsi que le village des dissidents a commencé à exister. Et regardez comme c'est devenu joli !

Pour ne pas être découverts, nous avons organisé les évasions de l'usine d'é par petits groupes. Entre nous, on parvenait à garder espoir dans l'enfer de la d'é en rêvant au jour de la libération. Et, juste comme vous arriviez à l'usine ce soir-là, j'avais été désigné pour gagner le village des dissidents.

Après avoir écouté le terrible récit, tous les électrons retournent en catimini dans leur pochette respective. Hydro, Héli, Oxy, Chlore, Azote et Sod ronflent sans se rendre compte de quoi que ce soit.

MMMMMMMMMMMMMMMMMMMMM

La vibration annonçant la fin de la récréation ramène Tom dans le Macro-monde, un sourire radieux aux lèvres. Sa mission est accomplie. Il s'empresse d'écrire à Éli qui est encore en Espagne, mais il n'obtient pas de réponse. La petite fille doit certainement subir des tests à l'heure qu'il est.

Le soir même, Tom s'endort en pensant à la recherche qu'il doit faire sur l'existence de la vie ailleurs dans l'univers. « Puisque la vie est apparue sur terre, se dit-il, il est fort possible qu'une autre planète ayant les mêmes caractéristiques se soit formée quelque part dans l'univers qui est infini. Ainsi, la vie pourrait aussi exister sur cette planète lointaine… » Ses pensées se perdent dans des petits ronflements tranquilles.

Gustave le réveille alors qu'il fait encore nuit:

– Téléphone, Monsieur, merci.

– Hein?… Pour moi? Tu es certain?

C'est si rare qu'il reçoive des appels téléphoniques. Tom regarde l'heure affichée sur l'écran au mur: deux heures du matin. Qui peut bien l'appeler en pleine nuit?

– Certain, Monsieur, merci.

Étonné, le garçon décroche le combiné en se disant qu'il s'agit probablement du grand-oncle You qui ne sait pas comment utiliser le courrier électronique et qui appelle d'Afrique.

– All… ?

– Bonjour, Tom. Tu peux jeter ton CP maintenant.

Comment ? Qui est-ce ? Jeter son CP ?… Cette voix, il la connaît, mais… Bien sûr, c'est la voix d'Éli ! La petite fille a exactement la même voix qu'avant son accident. Éli parle.

– Éli ! Oh, Éli ! Comme je suis heureux… parle-moi.

– J'arrive demain et je serai à l'école vendredi.

Tom lui raconte pour Pico et comment Héli a retrouvé du coup une force de combativité insoupçonnée. Il parle de ces milliers d'électrons laissés à eux-mêmes sur la tranche du monde et explique qu'Héli la petite fée semble fermement décidée à revenir dans la Zone pour tout bouleverser.

– Je suis bien d'accord avec elle, on lui fera manger la poussière, à ce vaurien de Technétium. Héli a retrouvé Pico et moi, la voix : Tek va nous entendre.

Chapitre 7

Péril dans la Zone

Aujourd'hui, jeudi, dernier jour des épreuves : il s'agit d'une classe de survie. Pour l'occasion, la salle est transformée en site de ruines. Les élèves sont à l'intérieur d'un vieux château du Moyen Âge envahi par les ronces. Ils doivent d'abord se prémunir contre le froid et l'humidité.

– On pourrait faire un feu comme dans l'ancien temps, propose Claude.

– Et la fumée sortira par où, petit malin ? Il faut une cheminée, autrement on sera vite asphyxiés ! riposte Néron.

– Une quoi ?

– Un tuyau pour évacuer la fumée à l'extérieur !

Aucun élève n'a jamais entendu parler de cheminée, mais personne n'ose contredire Néron de peur de passer pour un ignorant. Flo, qui a apporté en classe des couvertures de survie, propose de les découper pour en faire des capes thermiques.

Ensuite, ils doivent se procurer de l'eau potable. Il y a tellement d'humidité dans l'air que Krypt suggère immédiatement de condenser l'eau en suspension.

– Ah bon, il y a de l'eau dans l'air ! s'étonne Lili.

Ils découvrent plus tard des dangers cachés un peu partout dans les vieux murs en ruine. Ils doivent identifier des bactéries et des moisissures en les colorant pour ensuite les détruire à l'aide d'alcool et d'eau savonneuse.

Pour finir, ils doivent se fabriquer un dîner synthétique. Les doués de chimie organique sont mis à contribution. Aragon et Néron se lancent dans la transformation des produits végétaux disponibles, c'est-à-dire l'herbe et les ronces ayant envahi l'ancien château. Ils broient les tiges et les feuilles et les font bouillir longuement après avoir vérifié qu'elles ne contenaient aucune matière toxique. Ils obtiennent une bouillie verdâtre qui est analysée par l'ordinateur de la classe : « Non toxique », décrète-t-il... Non toxique peut-être, mais carrément immangeable ! Tek est le seul qui avale le mélange infect avec gloutonnerie.

– Tu aimes ça ? lui demande Tom surpris.

– Bah, il faut bien survivre ! J'ai besoin de toutes mes forces pour ce qui m'attend. Un plan qui devrait transformer à tout jamais le Pays de Möle.

Tom le regarde, interdit. C'est la première fois que Tek lui parle sans détour du Mini-monde et de ce qu'il se propose d'accomplir pour la Zone... Tek ajoute:

– Le Mini-monde ne t'appartient pas et j'ai bien l'intention d'y laisser ma trace. Vous ne faites pas le poids, toi et tes minis...

Durant la récréation de l'après-midi, Tom réunit ses amis et les informe des projets de grandeur de Tek. Ils doivent coûte que coûte regagner le Pays de Möle et s'organiser au plus vite pour affronter les métaAtomix. Ils n'ont pas de temps à perdre et *pouffent* l'un après l'autre dans le Mini-monde.

MMMMMMMMMMMMMMMMMMMM

Les adieux sont déchirants. Les électrons volent à haute vitesse en formant un énorme nuage crépitant. Pico doit laisser derrière lui de nombreux amis et compagnons d'esclavage.

Avant de partir, la petite fée lève la main et obtient le silence instantanément. Depuis qu'elle a retrouvé son électron manquant, la miniAtomix est différente, plus déterminée, comme si toute son énergie lui était revenue avec force. Tout le monde l'écoute, même Azote. La nouvelle Héli a décidément l'étoffe d'un chef.

– Petits électrons, je vous fais ce soir une promesse solennelle : nous reviendrons vous chercher et nous vous ramènerons au Pays de Möle. Tous, déclare-t-elle dans un tonnerre d'acclamations.

Pour aider les miniAtomix à remonter sur la tranche du monde, les électrons ont tressé et installé des échelles de cordes. Ils les accompagnent jusqu'au lieu où commencent les tempêtes de plasma.

– Ah non ! Pas question que je repasse dans cette bouillie arracheuse d'électrons et boucheuse de trompe…, proteste l'éléphant. Je reste au village des dissidents, moi.

Hydro, qui tente de rassurer Chlore depuis un moment, commence à s'impatienter.

– Mais puisque je te dis que nous allons voyager à l'intérieur d'un sous-marin magnétique !

Hydro désigne un engin ressemblant à une bobine de fil et se terminant en pointe à l'avant. La structure est uniquement constituée d'un long fil que les électrons ont savamment enroulé et sculpté pour aménager un espace à l'intérieur.

– Peuh ! Un sous-marin… Il n'a pas l'air bien solide, ton truc… On dirait un cocon de papillon. La tempête va l'emporter comme une brindille et ça sera pire ensuite. Nous serons prisonniers de ce tas de fils.

– Pas du tout… heu… les électrons vont circuler à haute vitesse dans le filage, ce qui va créer un champ magnétique et… heu, d'après, ce que j'ai compris, la bobine va alors pénétrer comme une vrille dans le plasma qui sera repoussé…

– Es-tu certain ?

– C'est-à-dire… ben… à peu près, oui.

Malgré les explications de son ami, Chlore hésite, debout devant l'entrée du véhicule, encore loin d'être convaincu.

– Mais il n'y aura jamais assez de place pour nous tous dans ce minuscule réduit, argumente-t-il.

– Tu préfères rester seul ici ? Allez, avance, grogne la petite guenon en le poussant sans ménagement dans l'engin. Tu pourras mettre ta trompe dans la partie pointue à l'avant du véhicule. Comme ça, il ne lui arrivera rien pour une fois.

Quand ils sont entassés à l'intérieur, les électrons commencent à circuler très rapidement dans les fils tout autour et le véhicule se met en branle.

– Aïe ! Ça craque de partout…

Chlore dit vrai. La tempête qui fait rage au dehors tord le véhicule dans tous les sens comme s'il s'agissait d'un vieux torchon plein d'eau. Par endroit, les fils sont renfoncés vers l'intérieur. Hydro, inquiet, constate que le sous-marin magnétique se déforme et… rétrécit. L'engin va-t-il résister à une telle tension ?

Des fissures apparaissent par lesquelles entrent des vents de plasma. Mouch, qui sent cette présence, veut sortir, mais Hydro pose sa main fermement sur la pochette. Pas question qu'il laisse le petit faire des bêtises…

– Vite, il faut colmater les trous en remettant les fils en place, explique Héli.

Leurs mains s'activent et les parois redeviennent hermétiques. Cependant, à mesure qu'ils avancent, le véhicule continue de rétrécir. Ils sont maintenant littéralement empilés les uns par-dessus les autres, incapables de bouger. Chlore n'arrive même plus à remuer les lèvres pour protester.

Et, juste comme l'éléphant s'attend au pire, à ce que sa trompe reste coincée à tout jamais dans cette pelote de fils, ils arrivent de l'autre côté des tempêtes. Dès qu'ils émergent du plasma, le sous-marin reprend son volume initial. Ils peuvent à nouveau bouger et personne ne se fait prier pour sortir de cet engin diabolique. Enfin à l'air libre! Avant de quitter les lieux, Héli se tourne en direction du bout du monde et, sans prononcer une parole, ses lèvres articulent: «À bientôt, chers petits électrons. Nous reviendrons, j'en fais la promesse.»

Ils reprennent la route et récupèrent avec plaisir l'é-mobile. Oxy s'installe derrière le volant, démarre et annonce à la volée:

– En route pour le Pays de Möle, plein cap vers l'ouest!

– J'en connais qui vont être surpris de nous revoir, fait remarquer Sod en pensant au vieux robot rouillé, mais aussi à Plouc, le seul arbre de la Zone.

Quand ils arrivent à la maison de pierre perdue au milieu du désert, Zinc est encore perché sur son échelle en train d'astiquer les feuilles de Plouc, son arbre chéri. Quelques électrons l'aident du mieux qu'ils peuvent à accomplir cette tâche impossible.

– Coucou, nous revoici, claironne Sod en sautant du véhicule encore en marche.

– Ho!… Mais… ho! Par le ciel heureux! Je n'en crois pas mes vieux circuits… Vous êtes revenus. Quel plaisir!

En grinçant des coudes et des genoux, le vieux robot descend de son perchoir et se précipite dans son jardin pour cueillir des capsules bien juteuses.

– Il faut fêter votre retour. Installez-vous dans la maison, j'arrive. Ah, mes amis !

Mais Sod n'entend pas. Elle est déjà au sommet de l'arbre et s'applique à faire reluire les feuilles les plus inaccessibles. Sous ses efforts, les feuilles du sommet ayant accumulé une épaisse couche de poussière redeviennent vertes et brillantes… « Hummm… » Surprise, la petite guenon suspend son geste. A-t-elle réellement entendu comme une sorte de grognement de plaisir provenant du tronc d'arbre ?

Assis devant leur verre de jus de capsules, les miniAtomix racontent dans le désordre le plus total au vieux Zinc ce qu'ils ont vu au bout du monde.

– Un village d'électrons, dites-vous ! Par le ciel furieux, pourquoi a-t-on abandonné ces petits ?

Ils expliquent ce qui se passe à Métapolis et parlent des projets de Technétium et de l'usine d'*é*. Zinc soupire, consterné…

– Si j'avais le luisant de mes vingt ans, j'irais lui dire deux mots, à ce chenapan.

Cette fois-ci, Hydro s'aventure à goûter au breuvage noir qu'il trouve délicieux. Mouch se régale aussi en buvant les dernières petites gouttes laissées sur la paroi du verre. Ravigotés par le liquide énergétique, les miniAtomix prennent congé du vieux Zinc.

– Et qu'allez-vous faire maintenant ? leur demande le robot cabossé quand ils se remettent en route.

– Nous rentrons au pays.

Malgré son assurance, la méduse se demande comment ils parviendront à traverser la frontière. Impossible d'utiliser le cadmiver sans survêtement de protection… Que faire alors ?

Dans l'é-mobile, l'atmosphère est lourde, même Sod se tait. En fait, ils se posent tous la même question : comment vont-ils rentrer chez eux ?

Hydro s'est débarrassé de son costume de robot devenu inutile et qui pourrait au contraire le trahir à cause des affiches placardées un peu partout. Il ne ressemble plus du tout à un métaAtomix, mais au moins il se sent plus à l'aise.

Oxy roule vite et, au début de l'après-midi, ils arrivent déjà en vue de Métapolis. La circulation devient plus intense et les patrouilles plus nombreuses.

Soudain, sans avertissement, ils se retrouvent encerclés de toute part. Tandis qu'Oxy appuie sur le frein pour immobiliser l'é-mobile, Hydro plonge à toute vitesse sous le siège arrière et se cache dans un petit compartiment de rangement.

Les métaAtomix armés jusqu'aux dents les font sortir du véhicule. Sod, qui n'a pas eu le temps de se cacher, tente de se faire petite derrière Chlore.

– Vous n'avez pas reçu le mot d'ordre?

– Heu… non. À quel sujet?

Ouf! La petite guenon respire de soulagement: il n'y a pas de contrôle de plaque.

– Tous les véhicules sont réquisitionnés par le sergent Rhodium. Ordre d'en haut.

Sans plus de façon, deux métaAtomix entrent dans l'é-mobile et s'éloignent… en emportant Hydro prisonnier sous le siège arrière du véhicule.

✶

Les métaAtomix et leur passager clandestin arrivent plus tard à l'entrée des carbotubes. Le directeur de l'usine d'*é*, qui a aussi rejoint les troupes du sergent Rhodium, se tient posté à l'entrée des grottes. En voyant arriver l'é-mobile, le gluant mille-pattes reconnaît immédiatement le véhicule que lui ont dérobé les miniAtomix.

– Ma parole, c'est la voiture volée ! Elle provient de mes entrepôts. Regardez le sigle sur la portière : un « *é* ». Poussez-vous ! Passez-moi le volant.

Regorgeant de fierté, Ruthénium s'empresse de conduire le véhicule au quartier général de Technétium. En s'appropriant tout le mérite, il annonce à son chef :

– Voilà, j'ai retrouvé le véhicule, Votre Erreur.

– Parfait ! Très bien… et où sont-ils ?

– Heu… qui ça, Votre Décrépitude ?

– Les miniAtomix.

– C'est que… heu… la patrouille les a laissés… plus à l'est. Ils n'ont jamais pensé, cher Débris, qu'il s'agissait des fugitifs…

– Tous des incapables ! glapit le scorpion en agitant son dard de façon menaçante devant le nez du directeur. Mais quel boson ! Embaucher des miniAtomix, les laisser circuler librement dans l'usine, les laisser libérer tous les électrons, puis les laisser filer tout bêtement.

Tout en beuglant et en critiquant le manque de discernement du suintant mille-pattes, l'énorme scorpion monte dans l'é-mobile et s'assoit juste au-dessus d'Hydro. Le dard empoisonné de l'insecte terrifiant repose sur le plancher, à un centimètre à peine du mini-Atomix qui retient son souffle.

– Emmenez-moi aux carbotubes, et que ça saute !

L'entrée des carbotubes est protégée par l'armée de Rhodium le scarabée. Hydro, toujours caché sous le siège de l'é-mobile, assiste à la conversation qui se déroule entre les deux métaAtomix.

– Ce Ruthénium les a encore laissés filer. Ces petits vermisseaux nous glissent entre les doigts. Je ne comprends pas leur plan... À l'est ? On ne dirait pas qu'ils veulent passer par les carbotubes...

– Ils connaissent peut-être un autre passage pour traverser la frontière, intervient Rhodium. Je vais envoyer des troupes pour tenter de les intercepter. Puisqu'ils sont à pied, ils ne peuvent pas se déplacer très vite à présent. À la vitesse de la Bong !, tout au plus.

Hydro, qui n'a rien perdu de la conversation, comprend avec excitation que ces mystérieux carbotubes peuvent les conduire jusqu'au Pays de Möle ! Ainsi, il existe d'autres passages... Le miniAtomix doit absolument prévenir ses compagnons. Mais, avant tout, il lui faut sortir de ce trou à rat sans se faire voir.

Depuis un petit moment, le véhicule dans lequel Hydro se cache est immobile. Il n'entend plus ni bruit ni conversation. Comme si, à présent, il était seul. Il a peur de se risquer dehors mais, d'un autre côté, il ne peut pas non plus rester éternellement caché…

Il se décide à sortir la tête et regarde autour de lui par la fenêtre de l'é-mobile. Il se trouve dans un entrepôt presque désert. Hydro sort en tremblant de sa cachette, ouvre la portière et descend du véhicule. Tout semble calme. Il marche sans faire de bruit vers une porte, l'ouvre doucement, entre dans la pièce, referme la porte derrière lui et…

– Ma parole ! tonne une voix qu'il ne connaît que trop bien. La petite souris vient se cacher dans la gueule du chat.

C'est comme si le plancher disparaissait sous ses pieds. Hydro se trouve face à face avec le monstrueux, le terrifiant, l'inqualifiable Technétium.

– HA ! HA ! HA !

Hydro s'attend au pire…

– Gardes ! hurle Technétium, euphorique. Enfermez cet atome minable à double tour. Je m'occuperai personnellement de lui un peu plus tard.

Technétium se dit qu'il va enfin pouvoir tester cette machine infernale qu'il vient de faire construire au nord de la Zone : l'Accélérotron. Selon les plans, l'appareil permettrait d'accélérer n'importe quel corps, celui d'un électron par exemple, pour bombarder un autre corps, celui d'Hydro par exemple… Il pourrait ainsi étudier l'effet d'un bombardement et peut-être percer à jour le secret de l'énergie contenue dans les Atomix. Sans compter que cela le débarrasserait également de ce petit minus.

Sous bonne escorte, le miniAtomix est emmené dans une pièce creusée à même le roc de la montagne Creuse. Hydro regarde autour de lui : aucune issue possible, la pièce ne comporte qu'une minuscule fenêtre avec des barreaux… Il s'assoit par terre et retient ses larmes de toutes ses forces. Ce n'est surtout pas le temps de flancher, il lui reste une chose importante à faire… Il sort le micropsie de sa veste, le syntonise et fuop !…

Tout comme la première fois, Hydro voit un carré lumineux sur lequel défilent des signes et des images bizarres, puis apparaît le visage du Chimiste Suprême.

– *Bienvenue à Chimiste Suprême, le site consacré à la chimie-physique à domicile. Que peut-on faire pour vous ?*

La communication est établie. Combattant un désespoir profond, Hydro se concentre sur sa question :

– Chimiste Suprême, que doit-on faire pour éjecter un électron ?

Le cœur gros, Hydro prépare du jus concentré de capsules et, à l'aide d'un petit entonnoir, il gave son électron, selon les indications données par le Chimiste Suprême. Mouch, bourré d'énergie, vole vers les niveaux élevés. Le petit électron se retourne et regarde Hydro tristement assis sur le banc de pierre de sa cellule. Par petits bonds, en sautant d'un niveau à l'autre, Mouch revient vers le miniAtomix en laissant échapper des photons de toutes les couleurs. Tout heureux d'être de retour à son niveau de repos, il se blottit contre Hydro.

– Pousse-toi ! Ne me touche pas... Tu dois partir, comprends-tu ? PARTIR ! Allez, ouste !

Mouch n'a jamais vu Hydro dans cet état. Il comprend que le moment est grave, très grave. Le miniAtomix recommence son manège, écrase une capsule d'énergie et, encore une fois, lui fait boire le jus de force.

Malgré lui, l'électron file à vive allure vers le niveau le plus élevé. Le vent souffle à ses oreilles, il a le vertige. Il ne veut pas laisser Hydro. Il le voit en bas, encore plus loin cette fois-ci. Mouch tente désespérément de freiner sa progression, mais n'y arrive pas. Il tourne un visage inquiet vers Hydro. Mais le mini-Atomix lui fait des signes impatients avec la main.

– Va-t-en, je te dis ! Tu n'as plus rien à faire ici.

Soudain, POP ! Mouch est éjecté. Le lien invisible qui le rattache à Hydro s'est brisé. Il peut maintenant aller où bon lui semble. Mais il n'a pas le cœur à partir, il ne veut pas abandonner Hydro au triste sort qui l'attend entre les pinces de Technétium. Il jette un dernier coup d'œil vers lui. Hydro lui lance un regard sévère et lui tourne le dos avec détermination pour lui signifier de partir. Mouch se sent rejeté et fonce vers l'inconnu, la vue embrouillée par les larmes…

Hydro attend longtemps avant de se retourner. Il souhaite que Mouch soit parti, mais paradoxalement il ne veut pas vraiment le savoir… Son petit Mouch ! N'y tenant plus, il se retourne. L'électron n'est plus là. MOUCH !

*

Pendant ce temps, c'est le branle-bas de combat aux quartiers généraux de Technétium. Maintenant qu'ils ont mis la main sur un des espions, le moral des troupes s'en trouve amélioré. Le scorpion, qui a réuni sa garde rapprochée en conseil spécial, explique son plan :

– Nous devons retrouver les autres espions avant qu'ils ne franchissent la frontière. Rhodium est déjà sur leurs traces. Nous devons savoir ce qu'ils ont fait des électrons. Toi, Or, tu es responsable de les pourchasser et de les ramener à l'usine. Molybdène et Zirconium, vous garderez le passage des carbotubes.

*

Mouch, les yeux noyés de larmes, vole en titubant entre les soldats postés devant les carbotubes. Lui qui rêvait depuis si longtemps de liberté, maintenant qu'il l'a, il se sent triste et désemparé.

Le petit électron résiste à l'envie de retourner auprès d'Hydro. Il se souvient du regard sévère et du geste méchant de la main. Ainsi perdu dans ses pensées, Mouch évite de justesse le sergent Rhodium. Il se fait ensuite prendre en chasse par une nuée de méta-électrons. Le danger le ramène instantanément à la réalité. Ce n'est pas le moment de pleurer sur son sort, il doit retrouver Héli ; la mini-Atomix saura quoi faire.

Mouch décide de prendre de l'altitude et sème facilement ses poursuivants en s'éloignant des carbotubes à toute vitesse. Du haut des airs, il a une vue plongeante sur la Zone et repère facilement la Bong ! La route apparaît comme un long ruban rouge qui se perd à l'horizon. L'électron effectue un piqué et suit la route. Il survole un convoi de soldats qui roule vers l'est. En direction des mini-Atomix…

Depuis qu'ils se sont fait confisquer l'é-mobile, les quatre miniAtomix bondissent allègrement sur la Bong ! en direction de la frontière. Sod reste prudemment cachée dans le faux ventre d'Oxy et n'a pas l'intention de sortir de là. Ils croisent plusieurs patrouilles. Fort heureusement, aucune ne leur porte attention. Les ordres sont formels : les mini-Atomix espions sont plus à l'est, alors les troupes se dirigent vers l'est.

– En é-mobile, nous serions déjà arrivés depuis longtemps, soupire Oxy.

– Ouais… mais arrivés où ? se moque Sod. On ne sait même pas où on va.

– Tu peux bien parler, toi, c'est moi qui fais tout le travail, réplique le centaure.

– J'aimerais bien mieux faire des bonds sur la Bong ! que de servir de ventre à un diplodocus de pacotille.

– Pacotille, moi ?

– Vous n'avez pas un peu fini de vous disputer ? Je réfléchis à une façon de sortir de la Zone, tranche Azote, impatiente.

De son côté, Héli s'en fait pour Hydro. Elle se demande ce qu'il est devenu. Absorbés dans leurs discussions et leurs réflexions, les mini-Atomix n'ont pas remarqué qu'un petit compagnon s'est joint à eux et tente d'attirer leur attention à l'aide de mille simagrées.

– Bon, d'accord, je ne voulais pas dire pacotille.

– Dis donc, Sod, tu pourrais arrêter de grouiller un peu ?

– C'est que j'ai les jambes engourdies, moi.

– Arrêtons-nous ici pour reprendre nos forces, décide Azote.

Durant la pause, Héli note la présence du petit compagnon. En le regardant de plus près, elle finit par le reconnaître et bafouille, éberluée :

– Hé… regar… regardez, on dirait… MOUCH !

Elle sait bien que *jamais* Hydro ne se serait séparé de son électron, sauf dans la pire des situations.

– Il est arrivé malheur à Hydro.

Ils se regardent tous, stupéfaits. C'est bien Mouch. L'électron tente en électronais de leur faire comprendre l'urgence de la situation. Il gesticule, piétine, pointe dans une direction, tire de toutes ses petites forces sur la manche de l'un puis pousse l'autre, s'impatiente.

– Oh, pauvre Mouch ! Il est épuisé…

En effet, le petit électron s'est maintenant endormi dans le creux de la main d'Héli alors que de sombres pensées s'agitent en elle.

En le manipulant avec mille précautions pour l'installer dans sa pochette, Héli réveille l'électron en sursaut. Il s'agite encore comme un démon…

– Il va se blesser s'il continue ainsi. Pauvre petit électron désespéré… Pico et Nino vont s'en occuper mieux que moi. Ils sauront le réconforter…

Mais juste avant que la petite fée ne fasse glisser Mouch à l'intérieur de sa pochette, Oxy retient son geste.

– Hé, attends une minute, Héli. Ce n'est pas normal…

En effet, Mouch vole d'une manière très étrange, en répétant sans arrêt la même trajectoire… Il vole en pointant la tête dans une direction. Après un moment, il tourne brusquement vers la droite, revient à son point de départ en formant un demi-cercle imaginaire et remonte à nouveau par le centre en pointant encore dans la même direction. Puis, il tourne à gauche, effectue à nouveau un demi-cercle, retour au départ…

– Tu crois que Mouch est malade ? On dirait qu'il a le tournis.

– Exactement comme une abeille.

– Pauvre chou ! Il se prend pour une abeille. Il ne supporte pas la séparation…

– Mais non ! Mouch utilise le langage des abeilles, la danse frétillante. Il nous indique une direction. Il faut le suivre…

Mouch sourit tristement en continuant son manège inlassablement. Enfin, on dirait qu'ils ont compris.

MMMMMMMMMMMMMMMMMMMMM

La vibration de la fin de la récréation ramène d'un coup tous les enfants dans le Macro-monde. En entrant en classe, Tom se retrouve face à face avec Tek qui se pavane…

– Alors, petit malin ? Tu es allé te jeter dans la gueule du loup… Comment penses-tu t'en sortir cette fois-ci, abandonné par tes alliés ?

Tom, encore sur le choc du départ de Mouch, est incapable de répondre. Il ne sait pas ce que l'avenir réserve à Hydro, mais il est bien décidé à ne pas l'abandonner à son triste sort.

Ces pensées le tracassent jusqu'à la fin des classes.

*

De son côté, Nadine n'a toujours pas abandonné l'idée de percer le mystère des jumeaux. Une fois de plus, elle les suit à la sortie de l'école. Ce soir, ils se dirigent vers le quartier de la Chimnex, l'immense usine de fabrication de produits chimiques. C'est étrange : chaque soir, ils partent dans une direction différente. Ils savent peut-être qu'ils sont suivis et veulent ainsi brouiller les pistes. Mais Nadine est plus résolue que jamais et ne les quitte pas des yeux. Puis, au détour d'une rue, juste comme passe un convoi de livraison, ils se volatilisent mystérieusement. « Mais comment font-ils pour disparaître ainsi ? », se demande Nadine, éberluée. Elle se jure d'en avoir le cœur net un jour.

Quand Tom arrive chez lui, sa mère n'est pas encore rentrée et Gustave lui propose une petite entrée de calmars frits.

– Je n'ai pas très faim, Gustave, je veux seulement des céréales… et pas les survitaminées.

– Mais, Monsieur, les fruits de mer sont en solde cette semaine, merci.

– Peuh !

Gustave remarque que Tom est très préoccupé ; il ne discute pas. Il lui prépare un énorme bol de ses céréales préférées, dans lequel il ajoute des fraises et des bleuets frais. Il transforme ensuite le salon en salle de jeux et permet exceptionnellement à Tom de manger en écoutant ses émissions favorites.

Assis sur un siège de vélo de l'ancien temps, le garçon mange distraitement ses céréales avec une pelle trouée ; le lait retombe à mesure dans le bol… Gustave est catastrophé ; Tom ne remarque même pas les erreurs de transformation qu'il a introduites pour le faire rire… La situation est très grave et l'ordinateur domestique se dit avec inquiétude que ces histoires de Mini-monde vont mal finir, comme par le passé. Ah là là, ce Mini-monde, que des problèmes !

Pour tenter de distraire un peu le pauvre Tom, Gustave lance à la légère :

– Monsieur a peut-être des messages de berzélium.éli, merci.

Tom s'empare de son CP, mais il n'y trouve aucun message. Il se souvient qu'Éli lui a dit au téléphone qu'il pouvait désormais jeter son CP puisqu'elle a recouvré la voix. Il se décide tout de même à lui écrire pour se soulager le cœur.

« Éli, c'est terrible ! Ça ne va pas du tout. Hydro a dû se résoudre à éjecter Mouch… pour lui épargner le pire… Je ne sais pas ce qui va leur arriver. J'espère que les autres parviendront au moins à regagner le Pays de Möle. Mais Hydro… Je ne sais même pas si je vais encore être capable d'aller dans le Minimonde… Je devrais peut-être te donner l'Œil de cristal… Oh ! Éli… »

Chapitre 8

Les carbotubes

Vendredi matin, presque tous les membres de l'équipe des MéTa – Zorna, Moli, Rod, Augusto, Ruther et Tek – sont réunis en cercle dans un coin de la cour d'école et affichent avec une certaine hostilité leurs couleurs de ballon-ice: noir et doré. Ils portent leur pull personnalisé avec lettres brodées – Zr, Mo, Rh, Au, Ru et Tc – sur le devant et chiffres dans le dos.

Tek sort le Cylindre d'or.

– Alors, Moli, as-tu réussi à faire parler ton frère ? Il t'a dit dans quel coin de la Zone ils se cachent ? demande Tek.

– Penses-tu ? Depuis qu'il fréquente le Mini-monde, impossible de le faire parler. Pire qu'une tombe.

– Au moins nous avons réussi à capturer Hydro et il n'a pas fini de le regretter, conclut le garçon avec un sourire méchant. C'est l'heure de régler nos comptes une fois pour toutes. Allons-y !

Coralie, qui porte un pull noir avec le symbole Co doré brodé sur le devant, s'approche de leur groupe et leur demande :

– Qu'est-ce que vous faites ?

– Pas de tes affaires, la grande sauterelle, réplique Zorna sur un ton agressif pour l'inciter à partir.

– Reste polie. Je ne fais que demander.

– Elle fait partie de notre équipe comme toi, proteste Augusto en se portant à sa défense.

– Augusto a raison, l'appuie Ruther. C'est une MéTa aussi, elle a le droit de savoir.

Sous la pression, Tek finit par accepter que Coralie se joigne à eux. D'ailleurs, il n'a pas de temps à perdre en discussion…

Tout se joue ce matin. « Et puis, se dit-il, nous avons besoin de toutes les forces disponibles pour coincer ce petit groupe de minis qui contrarie mes plans. » Tek rage en se rappelant que l'usine d'*é* est désormais hors d'usage et qu'ils devront recommencer la capture des électrons s'ils ne parviennent pas à mettre la main sur les fuyards.

Sans attendre, ils gagnent le Mini-monde avant l'arrivée triomphante d'Éli dans la cour de l'école.

– Il paraît qu'elle parle à nouveau, annonce Moli avant d'être aspirée, fouit ! dans le Minimonde.

– Pas hâte de l'entendre râler, celle-là ! conclut Zorna avant de *fouitter* à son tour.

Un cercle d'élèves curieux se forme autour d'Éli dès qu'elle franchit la bulle.

– C'est vrai que tu parles ? Fais voir.

Tout sourire, Éli garde le silence. Elle cherche Tom du regard. Il sera le premier à qui elle adressera la parole devant tout le monde. Le garçon arrive justement en compagnie d'Olivier.

– Hé, bonjour Tom ! crie la petite fille bien fort.

Le garçon lève la tête, laisse tomber sa plaque antigravité et, en souriant, se met à courir vers elle. Tout à sa joie de retrouver son amie, il oublie pour l'instant les dures épreuves qu'il traverse dans le Mini-monde. Tom attrape les mains d'Éli et effectue autour d'elle une petite danse en répétant des hourras.

Un peu gênée, elle met fin aux effusions du garçon en disant :

– Nous n'avons pas de temps à perdre. Tek est déjà parti pour le Mini-monde.

Tom constate plein d'espoir qu'Éli est prête au combat. Elle s'est complètement rétablie de l'opération et se montre impatiente de passer à l'action. Ils rejoignent leurs amis au fond de la cour et, sans perdre de temps, se rendent dans le Mini-monde. Tout se joue aujourd'hui…

MMMMMMMMMMMMMMMMMMMM

En suivant Mouch, les miniAtomix arrivent sans encombre tout près de l'entrée des carbotubes. L'endroit fourmille de métaAtomix. Impossible de progresser sans se faire découvrir. Ils se cachent et attendent la nuit.

Dans la noirceur, ils avancent prudemment en longeant les replis rocheux de la montagne. Chlore utilise sa trompe très sensible pour se repérer. Une fine poussière pénètre alors dans ses narines et, ATCHOUM ! provoque un éternuement qui retentit dans le calme de la nuit comme une explosion.

– S'cusez-moi.

– C'est malin.

Les sifflets retentissent partout. Ils sont repérés… En moins d'une seconde, ils se retrouvent avec une armée de métaAtomix à leurs trousses.

– Attention, cachez-vous ! ordonne Azote en regardant désespérément autour d'elle.

Il n'y a aucune issue. Alors, comme par miracle, un psitt ! inattendu se fait entendre en provenance d'un trou complètement noir, à peine visible sur la surface rocheuse sombre.

– Par ici !

– Qu'est-ce qu'on fait ? demande Chlore.

– Est-ce qu'on a le choix ? répond Azote. Vas-y, entre.

« Et si c'était un piège ? », songe l'éléphant en se glissant derrière Oxy dans la faille qui se prolonge en un long tube lisse et glissant comme de la glace noire.

Ils sont aussitôt pris en charge par un curieux grillon debout sur des patins. Il les invite à s'appuyer les uns sur les autres. Chlore, qui parvient difficilement à garder son équilibre, s'accroche désespérément sur la petite Sod.

– Attention, ne mets pas tout ton poids sur moi, tu m'écrases. Enlève ta trompe de devant mes yeux.

Ils empruntent plusieurs corridors et sont vite complètement désorientés. Tous ces couloirs se ressemblent, parfaitement lisses et noirs. Ils débouchent enfin dans une salle un peu plus grande dans laquelle se trouve un mobilier rudimentaire : quelques chaises, une table, de l'éclairage… et assise devant la table, la séduisante Cobalt.

– Ah, je savais bien que vous me cachiez quelque chose au Bzuzz ! dit-elle en matière d'introduction. J'ai reconnu tout de suite le petit robot sur les affiches.

– Mais où sommes-nous ? demande Héli.

– Dans les carbotubes. Rassurez-vous, personne ne viendra vous chercher ici. Les métaAtomix ne connaissent que le chemin balisé qui leur permet d'accéder au Pays de Möle. Il existe en réalité des milliers de chemins parallèles. Il est facile de s'y perdre et d'errer sans fin : ils sont tous absolument identiques. Personne sauf les passeurs n'ose s'y aventurer.

– Pourquoi ?

– Ils ne se perdent jamais. Les passeurs sont sensibles au magnétisme du Mini-monde : ils savent toujours où se trouve le Nord. Il suffit de s'encorder et hop ! il n'y a plus qu'à suivre le guide. Voici Argent, votre grillon guide.

Tout en écoutant les explications de Cobalt, les miniAtomix se débarrassent avec soulagement de leur costume de métaAtomix désormais inutiles. Quel plaisir de retrouver leur apparence naturelle !

Débordant de joie d'être enfin libres à nouveau, les serpents sur la tête d'Azote se secouent et exécutent une danse frénétique parfaitement synchronisée.

– Wow ! s'exclame Cobalt en détaillant Oxy. Tu es beaucoup plus séduisant en centaure.

Oxy rougit jusqu'aux sabots.

– Je ne comprends pas pourquoi vous nous aidez, fait remarquer Azote, suspicieuse.

– Nous ne sommes pas tous d'accord avec Technétium dans la Zone. En fait, plusieurs d'entre nous combattons l'exploitation des électrons. Nous désapprouvons complètement ses projets et certains ont même quitté la Zone. Argent aide ceux qui le veulent à passer au Pays de Möle. Vous avez fait un travail formidable à l'usine d'*é*. Libérer tous les électrons d'un coup… Nous passerons cette nuit, explique Cobalt.

– C'est hors de question, je ne partirai jamais sans Hydro, annonce Héli avec une grande détermination.

– Votre ami le petit robot? Justement, où est-il?

– On ne sait pas… son électron nous a conduit jusqu'ici. Il doit se trouver dans les parages.

– Hum… C'est mauvais signe. Souhaitons qu'il ne soit pas trop tard. Je vais voir si je peux en apprendre plus…

Sans attendre, Cobalt part aux renseignements. Elle rejoint sur la grande place les troupes qui surveillent l'entrée des carbotubes.

– J'ai bien hâte que toute cette agitation prenne fin, soupire-t-elle à l'attention d'un soldat qui semble la trouver, ma foi, fort charmante.

– Je vous reconnais. Vous travaillez au Bzuzz.

– Quand tout est calme, oui. Il paraît qu'ils ont déjà attrapé tous les fugitifs ?

– Ha non, pas tous, seulement un ! Le plus petit.

– Tant mieux, ce sont les pires. J'espère qu'il est transformé à l'heure qu'il est.

– Non, mais ça ne devrait pas tarder. Technétium lui réserve un traitement spécial. Un vieux compte à régler, paraît-il. Le petit ne fera pas de vieux os.

– Qu'attend Technétium ? Les autres pourraient venir le délivrer.

– Ça m'étonnerait. Il est gardé sous haute surveillance dans la prison de roc… et il n'y a qu'une seule porte.

– Bien fait ! Allez, bon bzuzz !

Comme elle s'apprête à prendre congé du soldat, Ruthénium débouche sur la place.

– Hé, mais c'est Cobalt, glapit le directeur de la d'*é*. Je la reconnais. Une pro-électron qui s'oppose à notre belle technologie. Empêchez-la de fuir.

Mais Cobalt a déjà pris ses jambes à son cou. Elle entre en courant dans les carbotubes derrière le grillon passeur. Ils bifurquent rapidement dans des couloirs transversaux et s'enfoncent de plus en plus profondément. La poursuite est vite abandonnée. Personne n'ose les suivre. Le gluant mille-pattes rage et trépigne.

– Au moins Hydro est intact ! se console Oxy quand Cobalt leur raconte où se trouve leur ami.

– Recycler Hydro ? Mais que veut-il lui faire, ce monstre ?

– L'énergie des électrons est déjà dépassée. Technétium essaie de développer un nouveau pouvoir infiniment plus puissant... à base d'atomes. Il tente de briser des atomes et de récupérer l'énergie formidable qu'ils contiennent.

Un frisson de terreur parcourt l'assistance.

– Il faut le sortir de là à tout prix, déclare Héli sur un ton qui ne laisse aucune place à la discussion. On pourrait voler des canons à énergie, créer une diversion et ensuite...

– Un instant, il existe un moyen, intervient Cobalt. Il suffit de creuser dans le roc.

– Nous n'aurons jamais assez de temps !

– Pas si on utilise les carbotubes eux-mêmes... On peut diriger leur croissance sur la cellule dans laquelle Hydro est maintenu prisonnier.

– Faire quoi ? demande Azote.

– Je vous explique. Il s'agit d'une invention géniale. Carbone est un miniAtomix tout simplement fascinant. Il peut former jusqu'à quatre alliances à la fois. Certains ont eu l'idée de forcer des alliances entre plusieurs Carbone pour former un tube. Tout a été mis en place pour que ce processus se poursuive tout seul une fois enclenché : on parlait alors d'auto-assemblage des carbotubes. Un peu comme un cristal qui grandit. Une idée brillante, sauf que le processus est devenu hors de contrôle. Le tube central a donné naissance à des tubes secondaires puis finalement à des milliers de ramifications. C'est aujourd'hui un véritable labyrinthe.

– Et comment la croissance s'est-elle arrêtée ?

– C'est là le problème ; les carbotubes grandissent toujours. On ne contrôle plus rien, mais certains passeurs savent diriger cette croissance par flatterie.

– Si j'ai bien compris, explique Héli, le tube en grandissant comme un ver de terre pourrait perforer le mur de roc de la prison d'Hydro.

– Exactement.

– Alors, qu'est-ce qu'on attend ?

Argent le grillon se rend au bout d'un tube de croissance et se met à l'œuvre. À l'aide d'une tige, il flatte un bord du tube et celui-ci se recroqueville comme s'il était chatouillé. Le tube fléchit, tourne et poursuit sa progression dans la nouvelle direction. Après un patient travail de flatteries et de cajoleries, la croissance du tube est dirigée droit sur la cellule d'Hydro.

La progression est lente mais, juste avant l'aube, le tube débouche enfin sans faire de bruit dans la pièce où Hydro se trouve prisonnier.

Héli, qui n'a pas quitté le grillon de toute la nuit, aperçoit le miniAtomix couché sur le banc de pierre.

– Hydro, par ici.

Il lève la tête machinalement, mais ne voit rien : tout est trop noir. « J'hallucine maintenant, songe-t-il. J'entends la voix d'Héli. »

– Hydro ! insiste la petite fée en chuchotant pour ne pas alerter les gardes postés à l'extérieur. C'est moi, Héli. Vite, viens par ici.

Incrédule, Hydro se lève, se dirige vers la voix et découvre avec stupeur une petite ouverture presque invisible dans le mur de sa prison. Sans attendre, il s'y glisse.

Il se fait aussitôt encorder puis entraîner à toute vitesse dans une course folle derrière un grillon patineur. Quand ils s'arrêtent enfin,

Hydro, à bout de souffle, découvre ébahi que tous ses amis sont là.

– Mais je rêve ou quoi ?

– Eh non, c'est bien nous ! Et voici quelque chose pour toi.

La petite fée tend une main vers lui.

– Oh, Mouch, mon petit ! Tu m'as tellement manqué !

L'électron s'envole joyeusement vers Hydro et gazouille de joie en électronais. Il tend ses petits bras autour du pouce d'Hydro pour lui donner une longue accolade, puis s'engouffre dans sa bonne vieille pochette sans qu'on le lui demande. Il ne bougera plus de là avant longtemps.

Cobalt met fin aux effusions.

– Ne perdons pas de temps, déclare-t-elle. Les métaAtomix ne tarderont pas à comprendre qu'Hydro s'est envolé et vont tout mettre en place pour nous bloquer le passage. Alors, en route pour le Pays de Möle.

– Heu… comme ça, alors… vous… heu… tu viens avec nous ? demande Oxy en regardant Cobalt qui prépare le matériel de départ.

– J'ai brûlé ma couverture ici. Je n'ai plus le choix, conclut la belle sauterelle. Je suis désormais classée ennemie officielle du régime technéticien. Alors, je pars avec vous.

– Ça sera a… avec, plai… sir, soupire Oxy.

– Et j'ai hâte de retrouver Nickel, ajoute Cobalt, il me manque tellement.

Cette réplique tombe comme un coup de masse sur le cœur d'Oxy.

Le grillon passeur donne à chacun des patins et une lampe frontale.

– Maintenant, attachez-vous aux œillets fixés à cette corde.

Chlore avance avec hésitation, en déséquilibre. Il perd pied et tombe lourdement sur… sa trompe.

– Bon, on va placer l'éléphant au début de la chaîne, décide Argent. Il sera mieux soutenu à grande vitesse.

Oxy, à l'écart, pratique son coup de patin. Il accélère, prend de la vitesse, monte sur les parois du tube, oscille de gauche à droite avec virtuosité et termine l'essai par un tour complet du tube.

– Quel talent ! Celui-là, on le met en fin de cordée, là où la vitesse est maximale.

Quand ils sont prêts, le grillon passeur donne le signal de départ et enchaîne avec le rythme, patin droit, patin gauche, droit, gauche, droit… Ils suivent le mouvement en cadence, et la vitesse devient rapidement vertigineuse. La petite guirlande file à haute vitesse dans les carbotubes. Ils suivent un vaste couloir, le couloir central qui est aussi emprunté par les métaAtomix.

Oxy patine juste derrière Hydro.

– Sans Mouch, on ne serait pas en route pour le pays à l'heure actuelle. C'est vraiment un héros ton électron !

– Il a réussi à vous trouver, je n'en reviens pas. Un petit débrouillard.

– Mais comment as-tu fait pour l'expulser ? lui demande Oxy avec curiosité.

– J'avais encore le micropsie dans ma veste. Quand je me suis résigné à libérer Mouch – je n'avais plus rien à perdre –, j'ai communiqué avec le Chimiste Suprême.

– Et qu'est-ce qu'il a dit ?

– Après des explications un peu étranges, j'ai compris que, pour expulser mon électron, je devais le gaver d'énergie.

– Il s'est laissé faire sans rechigner ?

– Bah, j'ai l'impression qu'il comprenait l'urgence de la situation. Tout le temps du traitement, Mouch est resté immobile. J'ai coupé des petits morceaux de capsules, j'en ai extirpé le jus et je le lui ai fait boire à l'aide d'un entonnoir. Il a été très courageux.

– Et qu'est-il arrivé ensuite ?

– J'ai lâché Mouch et aussitôt il s'est envolé comme une balle. Il a filé loin de mon cœur. Il n'avait jamais été si haut… puis il a soudain été comme propulsé, libéré de tout. Quand il est parti, je me suis senti bien seul…

– Ensuite, il a suivi la Bong ! et nous a retrouvés.

– Je n'imaginais même pas à ce moment-là qu'il penserait à vous retrouver. Je m'étais simplement résigné à le sauver, lui.

Absorbés par leur conversation, Oxy et Hydro ne se rendent pas compte qu'ils sont suivis depuis un moment. Deux ombres se rapprochent d'eux, les talonnant presque.

La voix du grillon se fait soudain entendre :

– Attention, nous sommes interceptés.

Surpris par ce cri, Chlore trébuche et entraîne tout les autres dans sa chute. Empêtrés dans la corde, ils continuent de glisser tandis que les ombres les rejoignent en ricanant. Quand ils s'immobilisent enfin, les miniAtomix lèvent la tête et les faisceaux de leurs lampes frontales éclairent l'horrible Zirconium et la terrible Molybdène qui ont déployé leurs électrons en tenue de combat. Le grillon passeur, emmêlé dans la corde, ne parvient pas à trouver une issue de secours. Ils entendent venir derrière eux une flopée de métaAtomix en furie. Ils sont pris au piège dans le tunnel.

– Cette fois-ci, vous ne nous échapperez pas! dit Zirco l'araignée en commençant à dérouler son fil de soie.

En reconnaissant la terrible araignée, Azote ne fait ni une ni deux: elle se libère de la cordée et se précipite vers Zirco. Grâce à ses patins, elle parvient à éviter de justesse l'attaque des électrons. La méduse s'esquive, recule, contourne. Elle est vite rejointe par Cobalt qui l'aide en faisant diversion à grands bonds.

La troupe de métaAtomix arrive à grande vitesse. Dans quelques instants, ils seront définitivement capturés.

En utilisant habilement les côtés du tube, Azote se retrouve derrière Zirco qui n'a même pas le temps de se retourner. La méduse s'empare du fil de soie et, très rapidement, fait plusieurs fois le tour de l'araignée. En chemin, elle colle sur le fil gluant quelques électrons de Zirco. Effrayés, les autres se réfugient dans la carapace qu'ils referment précipitamment.

De son côté, Héli tourne en volant autour de la tête de Molybdène la coquerelle, au point de l'étourdir. Oxy et Chlore, les quadrupèdes, ont encore maille à partir avec la corde, mais ils arrivent finalement à se libérer. Profitant de la manœuvre d'Héli et d'une seconde d'inattention de Moly, Hydro et Sod se précipitent sur les jambes de la coquerelle et la font basculer sur le dos. Molybdène se débat pour se remettre sur ses pattes.

– Par ici, vite! crie alors Argent le grillon.

Il a découvert l'entrée d'un tunnel secondaire. Ils n'ont plus que quelques secondes avant d'être rejoints par les autres méta-Atomix.

– Dépêchez-vous! C'est notre seule chance. Tenez-vous par la main.

En se tenant les uns aux autres, ils s'engouffrent derrière Argent juste au moment où arrivent les premiers métaAtomix furibonds. Ils les poursuivent dans le tunnel secondaire, mais Argent parvient à les semer en suivant les méandres du labyrinthe. Ils entendent longtemps les échos des cris enragés de Zirco et de Moly qui résonnent dans les tunnels. Ils l'ont échappé belle!

Longtemps, ils poursuivent leur route, mais, sans corde, ils doivent ralentir la cadence. À l'arrière de la chaîne, Sod est trimballée comme une petite feuille dans le vent, elle adore ça. Argent s'arrête de temps en temps pour «sentir» le champ magnétique et se repérer.

– Par là, décrète-t-il.

Ils poursuivent leur route dans les tunnels sans fin. Essoufflé, Chlore se demande comment il pourra supporter encore longtemps un tel rythme. « On n'en sortira jamais ! » Puis, au moment où il décide de se laisser tomber, vaincu, le grillon annonce :

– Je vois la lumière au bout du tunnel.

En effet, très loin devant, l'éléphant aperçoit une petite lueur vacillante. Ils arrivent enfin ! Avec euphorie, ils débouchent dans la savane Arc-en-ciel brillant de mille couleurs chatoyantes.

– Hourra ! Hourra ! s'écrient-ils tous en chœur en se donnant des grandes accolades. Nous avons réussi.

Le grillon passeur fait ses adieux avant de repartir aussitôt dans les carbotubes.

– Au revoir !

– Au revoir et merci, Argent !

En compagnie de Cobalt, le petit groupe se dirige vers le village des Frontaliers du sud qu'ils aperçoivent au loin. En chemin, Hydro pose un regard neuf sur le Pays de Möle.

– C'est étrange, rien n'a vraiment changé, mais je vois tout différemment, confie-t-il à ses compagnons qui, comme lui, observent le paysage avec le sourire aux lèvres.

Au même moment, deux silhouettes se découpent au loin sur le chemin. Elles viennent vers eux au pas de course.

– Cal ! Mag ! hurle Sod qui les reconnaît la première.

Les deux félins, qui avaient regagné le village depuis belle lurette, passaient leurs temps libres postés en haut des tours à faire le guet. En voyant enfin arriver leurs compagnons, ils se sont précipités à leur rencontre.

– C'est incroyable, vous êtes revenus. Et alors ?

– Alors quoi ?

– C'est comment, la Zone ?…

– … et Pico, vous l'avez retrouvé ?

– Nous avons réussi, annonce fièrement Hydro qui porte Mouch en héros sur son épaule.

Héli leur montre ses deux électrons qui planent béatement.

– Et ce n'est pas tout…

Elle ouvre sa pochette puis tend à Mag et Cal une petite boîte ceinte d'une grosse boucle rouge.

– Voici un souvenir de la Zone pour vous deux.

– Une surprise !

Impatients, les félins déchirent l'emballage avec leurs griffes et découvrent à l'intérieur trois adorables petits électrons qui les regardent avec des yeux rieurs.

– Oh !

Pendant ce temps, Cobalt, qui a reconnu de loin Nickel, se précipite dans ses bras. L'androïde fait de grands signes à Oxy et l'invite à s'approcher.

– Viens, Oxy, que je te présente Nickel, mon cousin.

Son cousin ? Lui qui avait pensé que… Mais alors, la belle Cobalt n'avait pas d'amoureux !

Le soir même, installés autour d'un gros foyer de roches d'énergie, Hydro et ses amis racontent en détail aux villageois les péripéties de leur voyage dans la Zone. Fluor, le fantôme, luit intensément dans le noir, impressionné.

Cobalt parle des projets de Technétium et de son immense besoin d'énergie. Le chef des métas veut s'accaparer de l'énergie des électrons bien sûr, mais aussi de celle bien plus grande contenue dans… les atomes. L'androïde parle de fission nucléaire. Les miniAtomix frissonnent… Actinium et Francium hochent la tête avec sérieux. Ainsi donc, le terrible projet était enclenché! Hydro écoute la conversation que tiennent à voix basse les deux radioAtomix:

– Tu crois qu'il faudrait mettre Ura au courant? demande discrètement la vieille Actinium à l'oreille de Francium.

– Il est peut-être déjà au courant… Ah, si nous possédions le Tableau! Tout serait plus facile.

Hydro a-t-il bien entendu? Elles ont parlé d'Ura…

Antimoine est venue s'asseoir près d'Oxy.

– Jolie, n'est-ce pas, cette Cobalt? Encore heureux que tous les métaAtomix ne soient pas contre nous… Je ne vois pas un miniAtomix se ranger du côté des métas! Quoique…

– Tu penses à Chlore?

– Non, à personne vraiment. Mais comme tu en parles… c'est lui qui a suggéré le raccourci dans les Badlands, ce qui nous a menés directement aux métaAtomix.

– C'est vrai… et il s'est plutôt bien tiré de son séjour dans l'armée du sergent Rhodium… C'est encore Chlore qui a failli nous faire prendre à l'entrée des carbotubes: il a donné l'alerte en éternuant. Tiens, tiens…

– Bah, ça ne veut rien dire.

– … et c’est aussi lui qui est tombé dans les carbotubes.

– Tu crois qu’on devrait en parler à Hydro ?

– Ça ne sert à rien, il ne veut rien entendre. Je vais plutôt garder Chlore à l’œil.

Antimoine émiette entre ses tentacules une capsule d’énergie, les délicieuses et rarissimes capsules violettes – pas violet, avait corrigé Fluo, incarnat. Elle en offre un petit morceau à Mouch qui joue à la cachette dans le noir avec Pico et Nino. Ce soir, les électrons ont une permission spéciale.

– Notre héros du jour l’a bien mérité.

Et elle ajoute à voix basse, à son intention : «  »

Mouch avale le morceau d’une seule bouchée en se disant qu’elle est bien gentille, cette pieuvre qui parle l’électronais ancien avec un accent crépitant.

Entre deux récits, Mag sent comme une sensation étrange. Elle se retourne : pour la première fois de sa vie, Cal n’est pas à côté d’elle.

– Cal ?

Elle part à sa recherche et le voit dans la pénombre qui discute avec animation, penché sur Sod.

*

Dès l'aube, Azote se prépare pour le trajet du retour.

– Plus de temps à perdre. Je rentre chez moi. La rivière doit être dans tous ses états. Si vous songez à une autre virée dans la Zone, ne partez pas sans moi.

Puis, en prenant tout le monde par surprise, la méduse et ses trente-six serpents se tournent vers Sod. La guenon s'attend comme d'habitude à recevoir une volée de reproches.

– Alors, tu viens ?

Sod n'en croit pas ses oreilles. Azote veut qu'elle se joigne à l'équipe des dompteurs de flots. Au comble du bonheur, elle ramasse une poignée de capsules d'énergie et salue la compagnie en bondissant joyeusement vers la méduse.

– Pas de blagues, hein ?

– Non, non, bien sûr, répond la petite guenon qui pense déjà avec ravissement aux mille et un tours qu'elle fera subir à cette équipe du tonnerre.

– Qui d'autre nous suit ?

Antimoine regarde ailleurs et Chlore fait mine de chercher ses électrons.

– Bon, alors, au revoir à tous.

En guise de salut, ceux qui restent au village agitent de longues banderoles colorées du haut des tours de guet. Calcium le chat est le dernier à redescendre ; il attend qu'Azote et Sod surtout disparaissent à l'horizon.

– Il est temps de retourner dans les Badlands, je crois, conclut la panthère pour elle-même.

✶

– Pico ? Mais où est-il encore passé celui-là ? Depuis son séjour dans la Zone, il n'est plus le même. Pico ? Ah, tu es là ! Viens ici mon petit garnement.

Hydro contemple le bonheur d'Héli qui cajole ses deux électrons.

– Et toi, qu'est-ce que tu vas faire maintenant ? lui demande-t-il.

– Moi ? Je ne sais pas.

– Pourquoi ne viens-tu pas avec Oxy et moi au Grand Lac ? Tu verras comme c'est agréable.

– Ben, euh, c'est que moi, je pense que je… je vais plutôt rester au village pour quelque temps, fait remarquer Oxy. J'ai pensé que je pourrais être utile pour les corvées et pour contrer les attaques successives des méta-Atomix qui ne manqueront pas de redoubler d'ardeur.

En vérité, le centaure désire rester auprès de Cobalt.

– Comme tu voudras, Oxy. De toute façon, on ne partira pas tout de suite, j'ai bien envie de profiter un peu de la vie au village.

MMMMMMMMMMMMMMMMMMMMMM

Ramenés dans la cour de l'école, Tom et ses amis bondissent de joie. Leur victoire est écrasante. Tek fulmine et apostrophe le groupe des petits :

– Ne vous réjouissez pas trop vite, les minus ! Vous avez peut-être gagné une petite bataille, mais pas la guerre. Ce qui s'en vient dépassera tout ce que vous pouvez imaginer. Je vais déployer une force terrible devant laquelle le Pays de Möle se mettra à genoux.

– Tu ne me fais pas peur, intervient Éli en plongeant son regard vert émeraude dans les yeux du colosse.

C'est la première fois depuis l'accident qu'Éli affronte celui qui l'a tant fait souffrir… Impressionné par la voix vibrante, les yeux de feu et la force qui se dégage de la petite fille, Tek baisse la tête. Au fond, il aurait aimé que les choses soient différentes… que… enfin qu'elle … mais il était trop tard, il avait tout gâché. En gardant le silence, Tek tourne le dos à Éli pour s'éloigner.

– Attends ! Ne pars pas ! Je n'ai pas fini. Aurais-tu peur de moi ? J'aimerais que tu m'expliques pourquoi tu t'acharnes contre nous. Qu'est-ce que tu veux prouver à la fin ? Que tu es le plus fort ? Peuh ! Tu n'impressionnes personne avec ta force… et puis, la plus grande force, tu ne l'auras JAMAIS ; tu n'as pas assez de cœur pour ça.

Tek, le visage en feu, ne riposte pas et s'éloigne à grands pas en compagnie de Ruther et d'Augusto. Moli et Zorna se portent à la défense de leur ami.

– On la préférait plus silencieuse, n'est-ce pas, Zorna ?

– Bien d'accord, Moli, surtout pour ce qu'elle a à dire, réplique celle-ci.

Les enfants ne rentrent pas en classe aujourd'hui. La cour de l'école est décorée pour la fête du Milieu, fête de la musique et de la danse. Le groupe Alliage a préparé de nouvelles compositions.

– Il paraît qu'ils ont une chanteuse à présent, murmure Zorna à l'adresse de Moli. Je me demande qui ça peut bien être.

Les deux filles installées au premier rang attendent avec impatience l'apparition de Nic et de son groupe.

La scène surgit directement du sol devant elles. Les musiciens sont déjà installés avec leurs instruments et, au milieu du groupe, flamboyante dans un bustier métallique bleu, se tient Coralie…

– Oh non ! Pas elle. La traîtresse…

Ébloui, Olivier ne peut pas se retenir et glisse à l'oreille de sa sœur :

– Tu as vu comme elle est belle !

Dans un coin de la cour, un peu à l'écart, Magalie et Charly sont en grande discussion.

– Que veux-tu savoir à la fin ?

– Dans le Mini-monde, on aurait dit que…

– Que quoi ?

Pour une fois, Charly est incapable de terminer la phrase de sa sœur jumelle.

– Comme si tu t'intéressais… pas tout à fait toi, enfin, mais comme si Cal le chat s'intéressait à…

– À qui ?

– À Sod. Je vous ai vus penchés l'un sur l'autre… Est-ce que… toi et Nadine ?… Enfin, tu comprends…

– Tu es folle ! Jamais de la vie ! Les filles ne m'intéressent pas du tout.

Après la fête, madame Rachel regarde les enfants partir et leur fait des signes d'adieu de la main.

– Au revoir, les enfants. On se revoit en janvier.

Tom glisse sur sa plaque antigravité en compagnie d'Éli.

– Cette force dont parle Tek, tu crois vraiment qu'elle existe ? demande la petite fille.

– Je ne sais pas… Il y a autre chose qui me chicote.

– Quoi donc ?

– Je me demande comment Technétium a fait pour savoir que nous étions dans la Zone.

– C'est normal, non ?

Tom confie ses inquiétudes à Éli.

– Pas vraiment, non, il le savait *avant* de nous avoir vus. Je l'ai entendu parler de nous à Ruthénium dans l'usine d'*é*.

– Mais comment aurait-il pu savoir ?

– Je ne sais pas… Comme s'il recevait des informations. Mais de qui ? Je n'en ai aucune idée.

– C'est étrange, et pas rassurant du tout, tu as raison.

Ils passent alors devant le parc-bulle…

– Tom, tu me montres l'entrée des salles souterraines ?

– Ça ne va pas ? Jamais je ne retournerai là-dessous !

– Pas pour y descendre, je veux juste jeter un coup d'œil.

Éli a l'intention de prendre des photos, de mener une enquête, de faire un reportage… Elle a même commencé à penser à des titres : « Le secret du parc-bulle » ou « Le mystère des rats géants ».

– On ne va pas se laisser faire comme ça, ajoute-t-elle. C'est notre parc après tout.

Tom a-t-il vraiment le choix ? Quand Éli a une idée derrière la tête… Ils passent par la brèche de la clôture – ce qui rappelle à Tom de forts mauvais souvenirs –, mais lorsqu'ils arrivent au chantier, tout est bien propre, nivelé, plus aucun trou dans le sol… Tom se sent soulagé.

Le soir, il souhaite bonne nuit à sa mère, mais, dès qu'il est seul, il sort la lentille. Il la frotte longtemps avec le tissu doux de la chaussette de bébé. Toutes ces coïncidences depuis le début de l'année scolaire… l'arrivée de Tek, la visite de You, l'Œil de cristal, le Mini-monde puis la Zone… Beaucoup trop de coïncidences… Et s'il ne s'agissait pas de coïncidences ? Il a bel et bien entendu Actinium et Francium parler d'Ura…

Une idée prend forme dans la tête du petit garçon. Il en ressent une grande exaltation, comme quand on s'approche d'une vérité... Bien sûr ! Comment n'y a-t-il pas songé plus tôt ? Il doit en avoir le cœur net ! Il approche son œil de la lentille et pouf ! il rejoint le Minimonde... seul.

MMMMMMMMMMMMMMMMMMMM

Au village des Frontaliers, Hydro cherche partout Lithium la licorne.

– Ah ! Lithium, te voilà. J'ai une faveur à te demander...

La licorne se laisse facilement convaincre. Elle adore voler sur de longues distances et Hydro ne pèse pratiquement rien. Emportant le petit sur son dos, Lithium prend son envol, effectue dans le ciel un grand virage et oriente sa course à travers les nuages en direction de l'ouest. Elle survole les champs colorés de la savane, puis les roches arides des Badlands, après quoi elle suit les torrents redevenus furieux de la rivière Apprivoisée. « Azote et Sod auront beaucoup à faire dans les jours qui viennent », se dit Hydro en voyant les remous qui ont regagné la rivière. À travers son petit périscope, Mouch revoit le paysage qui lui rappelle toutes les aventures qu'ils ont vécues.

Au bout d'un moment, Hydro pose sa main sur l'encolure de la licorne et montre une des extrémités du Grand Lac, près de l'embouchure de la rivière.

– C'est là !

Lithium penche la tête et effectue un piqué vertigineux vers le sol. Puis, sans freiner le moins du monde sa course, la licorne s'enfonce dans les eaux du Grand Lac. Elle poursuit sa plongée à pleine vitesse et pose ses sabots sur le fond, juste devant la grotte du vieil Ura. Quelle précision !

– Tiens, bonjour Hydro ! Attention, ne t'approche pas trop, je suis radioactif. Quel bon vent t'amène ?

– Je voudrais savoir…

Le miniAtomix hésite. Il ne sait pas comment formuler sa question.

– Quoi, mon garçon ?

– Heu… le plan… Quelle est la suite du plan ?

– Un plan ? Quel plan ? bafouille le vieillard. Je ne vois pas de quoi tu parles.

Mais, en se retournant, Ura fait un petit clin d'œil à ses électrons déployés autour de lui.

MMMMMMMMMMMMMMMMMMMMM

FIN

Table des matières

Qui est Dē Bergeron ?

Un des secrets de Dē Bergeron est qu'il s'agit en fait de deux personnes : Dominique et Éric. Ils sont frère et sœur et, depuis qu'ils ont découvert le Mini-monde, ils écrivent ensemble les aventures des miniAtomix.

Dans le Macro-monde, Dominique est aussi une scientifique. Elle adore jouer dans la neige et entretenir la « forêt magique » qui entoure sa vieille maison de campagne. Elle habite à Montréal.

Entre deux voyages dans le Mini-monde, Éric travaille comme traducteur. Il vit présentement à Madrid, en plein cœur de l'Espagne.

Macro-monde...

...et Mini-monde

Enfants	Les miniAtomix		
Césarine	Césium	souris	Cs
Charly	Cal (Calcium)	chat	Ca
Claude	Chlore	éléphant	Cl
Éli Berzélium	Héli (Hélium)	fée	He
Flo	Fluor	fantôme	F
Lili	Lithium	licorne	Li
Magalie	Mag (Magnésium)	panthère	Mg
Nazora	Azote	méduse	N
Olivier	Oxy (Oxygène)	centaure	O
Sabine	Antimoine	pieuvre	Sb
Tom Bohr	Hydro (Hydrogène)	garçon	H

Enfants	Les métaAtomix		
Augusto	Or	tyrannosaure	Au
Coralie	Cobalt	androïde	Co
Moli	Molybdène	coquerelle	Mo
Nic	Nickel	robot	Ni
Rod	Rhodium	scarabée	Rh
Ruther	Ru-ru (Ruthénium)	mille-pattes	Ru
Tek	Technétium	scorpion	Tc
Zorna	Zirconium	araignée	Zr

Adultes	Les radioAtomix		
Actinia	Actinium	vieille femme	Ac
Fanny Bohr	Francium	femme	Fr
You Bohr	Uranium	vieil homme	U

Carte du Mini-monde

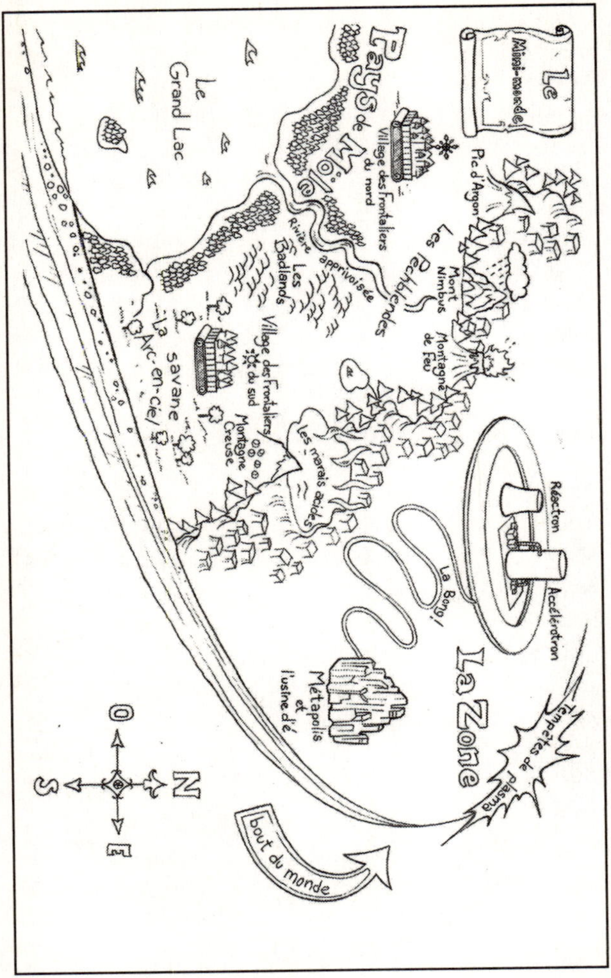

Code secret

Pour décoder un message, il faut séparer la longue séquence en groupes de trois lettres. Chaque petit groupe de trois correspond à une lettre de l'alphabet. Prenons par exemple « ATG ». Le premier « A » nous indique par où commencer dans le plus petit cercle, au centre. Le « T » nous dit où continuer dans le cercle suivant (le plus pâle). Finalement, le « G » correspond à « M » sur le plus grand cercle et nous révèle ainsi la première lettre cachée sous le code. Il suffit ensuite de déchiffrer toutes les autres lettres.

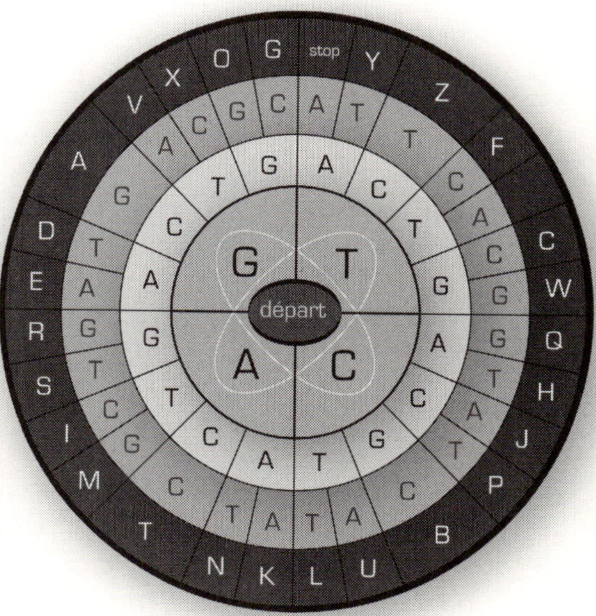